乡村振兴指导员

实用教程

一线实践60问与案例实操

周伦理 徐耘 张洪华 王健 叶沁鑫 ◎著

中国农业出版社
北 京

图书在版编目（CIP）数据

乡村振兴指导员实用教程：一线实践 60 问与案例实操 / 周伦理等著. -- 北京：中国农业出版社，2025.

1. -- ISBN 978-7-109-32921-8

Ⅰ. F327.711-44

中国国家版本馆 CIP 数据核字第 2025P0Q817 号

中国农业出版社出版

地址：北京市朝阳区麦子店街 18 号楼

邮编：100125

责任编辑：刘 伟

版式设计：杨 婧 责任校对：张雯婷

印刷：北京通州皇家印刷厂

版次：2025 年 1 月第 1 版

印次：2025 年 1 月北京第 1 次印刷

发行：新华书店北京发行所

开本：787mm×1092mm 1/16

印张：6.25

字数：102 千字

定价：66.00 元

前言

　　《乡村振兴指导员实用教程》（简称"教程"）是一本工具书。教程收集了乡村一线实践中遇到的 60 个问题，采用一问一答的形式，通过浅显易懂的事例，从认识、方法和实践三个方面进行阐述。其中，人才、系统和机制是最为突出的三大要素。乡村需要人才，需要陪伴。更需要培养在地的实用人才和一支留得下来的队伍。这就是编者们的初心！

　　作为主编之一，本人曾经是基层文化旅游和乡村振兴项目的操盘手。在基层实践的时间较长，有一定操盘经验。我深有体会的是：人才是第一要素，系统最为关键，机制非常重要！

　　关于人才：

　　党建引领是纲。除了政府主导和农民主体外，我认为市民下乡和返乡创业很重要。因此，专业指导和驻村陪伴就成为乡村的需求。可能在乡村振兴中将会诞生一批乡村需要的新型人才，如乡村设计师、乡村社工师、乡村运营师、民宿主理人、电商主理人、乡创操盘手和乡村振兴指导员等。

　　关于系统：

　　基层很重视乡村建设，这固然很好。但更重要的还有乡村发展、乡村治理和乡村运营，即乡村的全面振兴。实践中我们按照乡村振兴的"20 字方针""五个振兴"的路径和"宜居宜业和美乡村"的目标，在实践层面系统梳理了政策体系、价值体系、培训体系、操盘体系和控制模型等，试图全面回答乡村全面振兴的工具、方法、逻辑和操作问题。

关于机制：

研究指导实践，实践创新机制。

四川农业大学乡村振兴学院周伦理院长在成都市温江区的乡村振兴指导中提出了"乡村振兴指导员"和"乡村运营师"的概念，并与地方合作制定了《乡村振兴指导员研修规范》和《乡村运营师研修规范》，这为基层村镇培养乡村振兴指导员和乡村运营师提供了参考范式。在此基础上，我们在成都市彭州市与该地社会工作部合作，推出"乡村振兴三人指导小组"（乡村振兴指导员、乡村建设指导员和乡村运营指导员），与该市"1＋3"（一名强村书记带3个结对村共同发展）的结对帮扶工作相结合，首批启动共13个村的结对共建工作，从机制上尝试推动全域乡村振兴。目前工作顺利，基层反响较好。

人才、系统、机制是促进乡村全面振兴的重要抓手。

实践-研究-实践。这就是我们倡导的基层乡村振兴工作方法。这次编写《乡村振兴指导员实用教程》，就是希望本书可以作为各地培养乡村振兴指导员的参考书，使更多的乡村振兴指导员能从系统出发指导更多的村庄全面振兴！

徐 耘

2024.12

目录

五、关于新职业 ┈┈┈┈┈┈┈┈┈┈┈┈┈┈┈┈┈┈┈┈┈┈┈┈┈┈┈┈┈┈┈ 58

一 下篇： 案例实操 一

一、案例背景介绍 ┈┈┈┈┈┈┈┈┈┈┈┈┈┈┈┈┈┈┈┈┈┈┈┈┈┈┈┈┈ 64

上篇：

一线实践60问

一、关于概念

1.

《乡村振兴指导员实用教程》是一本工具书吗?

回答:

可以理解为一本工具书。

阐释:

这里有三个关键词:乡村振兴、指导员、实用教程。

乡村振兴,表明本书是围绕乡村振兴,研究乡村振兴,实践乡村振兴的工具书。指导员,意在"把关",意在"指导",意在"一线"。实用教程,表明它强调实操性、实用性、实践性。

2.

乡村振兴指导员的定义是什么?

回答:

拥有丰富"三农"工作经验的综合性人才。

阐释：

从党政机关、企事业单位、高校院所等选派的具备较高政治素质、丰富的"三农"工作经验和较强资源整合能力的综合性人才，到镇村担任乡村指导员，全面参与和引领镇村乡村振兴各项工作。通过指导镇村制定和实施乡村振兴规划、组织协调资源、招引产业项目、推动经济发展、壮大集体经济、支持农民增收、促进新型城镇化建设、加强政策法规宣传教育、开展监督评估及城乡融合体制机制改革等措施，旨在推动县域内新型城镇化和乡村振兴双轮驱动的改革开放和高质量发展等工作。

3.

乡村振兴指导员帮助的对象主要是哪些?

回答：

村支部书记、村集体经济负责人、在地创业农民等。

阐释：

村支部书记是关键人，村集体经济负责人是重点人，在地创业农民是主体。

4.

乡村振兴指导员与科技特派员、文创特派员有什么区别?

回答：

目标一致，侧重点不同。

阐释：

乡村振兴指导员是从"系统""整体""全局"来指导帮助村庄，推动在地乡村全面振兴，包括综合利用资源、运用各类人才、招商引资等。而科技特派员、文创特派员，以及四川省即将推出的"天府新农人"计划，涉及的农业技术指导员、农业机械指导员等都是具体的产业技能性人才，与乡村振兴指导员目标一致，侧重点不同。

5.

乡村振兴指导员与村两委*是什么关系？

回答：

协同主体与主体的关系。

阐释：

根据《中国共产党农村工作条例》和《中国共产党农村基层组织工作条例》，乡村振兴指导员应在村两委的领导下开展工作，定位是协同主体。

6.

乡村振兴指导员有类似于"标准"的规范吗？

回答：

四川省成都市温江区在全国率先制定和发布了《乡村振兴指导员研修规范》。

阐释：

四川省成都市温江区在全国率先提出"乡村振兴指导员"制度，旨在通过建立培养、聘任、使用、激励等一系列机制，选派和聘任一批乡村振兴指导员赴镇村基层协助指导开展乡村振兴工作。乡村振兴指导员通过聚合资源、招商引资等方式，为镇村的发展出谋划策、牵线搭桥。

《乡村振兴指导员研修规范》于 2024 年 7 月 24 日以成都市温江区标准化促进会的名义发布。

---

* 村两委即村党支部委员会和村民委员会。

二、关于认识

7.

乡村振兴的政策依据是什么？

回答：

四梁-八柱-责任制-地方政策。

阐释：

在建筑学中，四梁八柱代表了建筑的主要承重结构，其中四梁通常指的是建筑物中的四根主要的横向承重构件，而八柱指的是八根主要的纵向承重构件。这些构件的设计和施工需要考虑多种因素，如建筑物的用途、地理环境、气候条件等，因此是基础教育中建筑学和结构学的重要内容之一。

在政治领域，四梁八柱被用来形容改革的基本框架，强调改革需要一个基本的主体框架。

延伸至乡村振兴领域，四梁八柱及主体框架是指：

（1）四梁 习近平同志的《论"三农"工作》与习近平总书记关于乡村振兴的重要系列讲话、中央一号文件、《中国共产党农村工作条例》与《中国共产党农村基层组织条例》以及《中华人民共和国乡村振兴促进法》。

（2）八柱 中央办公厅和国务院办公厅联合发文的乡村振兴若干文件及中央

部委发布的文件。例如：中共中央办公厅、国务院办公厅印发的《关于加快推进乡村人才振兴的意见》，中央农办、农业农村部、自然资源部等《关于统筹推进村庄规划工作的意见》等。

（3）责任制 《乡村振兴责任制实施办法》属于"八柱"之一，但因为其清晰界定了乡村振兴的责任边界，从制度上构建了"责任体系"，减少了实践中的纷争，特别重要，所以单列一项。

（4）地方政策 因为地方政策具有属地性，所以政策更具体，针对性更强，更容易落实。例如：《四川省乡村振兴用地政策指引（2024年）》《成都市调整完善土地出让收入使用范围 优先支持乡村振兴的实施方案》。

案例：

2022年6月，习近平总书记到四川视察时强调，成都平原自古有"天府之国"的美称，要严守耕地红线，保护好这片产粮宝地，把粮食生产抓紧抓牢，在新时代打造更高水平的"天府粮仓"。

2023年1月，四川省委省政府印发了《建设新时代更高水平"天府粮仓"行动方案》。

这就是"四梁八柱"的最好诠释。

8.

乡村振兴的核心内容是什么？

回答：

20字方针-五大振兴（路径）-宜居宜业和美乡村（目标）-浙江"千万工程"（实践）-三个提升（新要求）。

阐释：

（1）20字方针 产业兴旺、生态宜居、乡风文明、治理有效、生活富裕。

产业兴旺，一方面是以农为本，确保粮食安全，另一方面不仅是农业，还要农业＋，即追求"三产融合"。生态宜居，既是实现生态功能的基础，又是产业发展的基础，安居才能乐业。乡风文明，既是文化传承，也是移风易俗，以乡风、民风、家风树立时代新风范。治理有效，是以农民为主体，结合

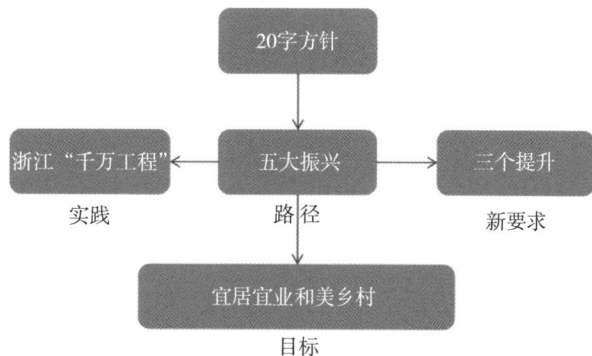

自治、法治、德治，通过网格化、积分制等手段建立科学的组织管理体系，实现乡村治理现代化。生活富裕，既要农民的个体收入增长，也要集体经济组织的发展，目标是以集体经济组织的发展来实现农民作为利益主体的价值保障。

（2）五大振兴　产业振兴、人才振兴、文化振兴、生态振兴、组织振兴。

以组织振兴与人才振兴作为重要力量推动产业振兴，三者同在一条线上，是乡村振兴战略中的经济主线。以文化振兴为乡村发展赋能，以生态振兴促进乡村绿色发展。

（3）宜居宜业和美乡村　生活宜居、生产宜业、社会和谐、生态美丽。

宜居宜业和美乡村是落脚于具体单个乡村的美丽画卷。宜居不仅是指民居，还是乡居，更是旅居；宜业的对象不仅是在地村民，还包括新村民、新乡人。以在地创业和市民下乡的双轮驱动促进城乡融合。和美乡村是乡风文明、治理有效、人民安居乐业、共建家园的美好愿景。

（4）浙江"千万工程"　"千村示范、万村整治"的浙江经验。

浙江"千万工程"是习近平总书记在浙江工作期间亲自谋划、亲自部署、亲自推动的一项重大决策，创造了推进乡村全面振兴的成功经验和实践范例。学习浙江"千万工程"主要在于五个方面：一是坚持"小中带大"，从人居环境改善入手；二是"以点带面"，发挥典型的示范引领作用；三是"循序渐进"，从"千村示范、万村整治"起步，到"千村精品、万村美丽"提升，再到"千村未来、万村共富"迭代；四是"因地制宜"，做到"千村千面""万村万象""一村一策""一村一品""一村一韵"；五是"组织保障"，"一把手"亲自抓，分管领导直接抓，即建立"党委领导、政府主导、农民主体、村民自治、市场参与"的共建共治共享乡村治理机制。

（5）三个提升　提升乡村发展水平、提升乡村建设水平、提升乡村治理水平。

2024年中央一号文件明确提出，以提升乡村产业发展水平、提升乡村建设水

平、提升乡村治理水平为重点，强化科技和改革双轮驱动，强化农民增收举措，打好乡村全面振兴漂亮仗，绘就宜居宜业和美乡村新画卷，以加快农业农村现代化、更好推进中国式现代化建设。

案例：

浙江省安吉县余村是"绿水青山就是金山银山"理念的诞生地，是全国首个以"两山"实践为主题的生态旅游和生态度假景区。在20世纪80—90年代，余村是工业村，污染很严重。余村发生重大变化的关键在于深入实施"千村示范、万村整治"的措施，在于深刻领会"绿水青山就是金山银山"理念的精髓。

2005年8月15日，时任浙江省委书记的习近平同志考察湖州市安吉县天荒坪镇余村，首次提出"绿水青山就是金山银山"科学论断。

2020年3月，习近平总书记再访余村，看到村里的变化，强调："'绿水青山就是金山银山'理念已经成为全党全社会的共识和行动，成为新发展理念的重要组成部分。实践证明，经济发展不能以破坏生态为代价，生态本身就是经济，保护生态就是发展生产力。"

9.
乡村振兴的主要战场在哪里？

回答：

县城-乡镇-村组。

阐释：

（1）县城

县城在我国现行行政构架中，属于承上启下的主要环节。它上接城市，下管镇村，资源配置和社会治理功能较为齐全。

习近平总书记在十九届中共中央政治局第八次集体学习时强调："要把乡村振兴战略这篇大文章做好，必须走城乡融合发展之路。我们一开始就没有提城市化，而是提城镇化，目的就是促进城乡融合。要向改革要动力，加快建立健全城乡融合发展体制机制和政策体系。"

县城是城乡各类生产要素交换流动的基本场域和汇聚点，具备城乡融合发展的有利条件，是承担这一任务的主要角色。因此在乡村振兴的主战场上，县委书记是一线总指挥，县城是城乡融合实现乡村振兴的载体与指挥中心。

（2）乡镇

乡镇连接县城与村组，既有行政功能，也起着满足居民日常生活需求的作用，作为连接县城和村组的重要节点，是乡村振兴各项改革政策落实与落地的前沿阵地，也是在地城镇化的主要载体，乡镇党委书记是本区域乡村振兴的第一责任人。

（3）村组

村组是最小的"乡村组织"，直接为农民提供基本的生产生活资料。作为乡村振兴的具体实践者，村组的目标是宜居宜业和美乡村建设，村支部书记是本村第一责任人。在实践中，村支部书记是乡村振兴的"关键人"，举足轻重。因此，选用好村支部书记，建好村班子，对推进乡村全面振兴至关重要。

案例：

四川省蒲江县是有名的农业重点县。它重视农业的县域布局。在县城有农创园和现代农业产业园。农创园有农产品展销、农业机械展销及数字化服务平台。在县城有田园商务区等现代农业新业态植入，目前成佳田园商务区已对外开放。在广阔农村天地，成片涌现出了一大批乡村振兴示范村，如明月村、铁牛村、两河村、铜鼓村等。

蒲江县农创园，县城为农村提供资源支持

10.

乡村振兴的一线参与者有哪些？

回答：

区（市、县）党委政府及部门-乡镇（街道）-村组（社区）-企事业单位-社会组织-专业机构-自然人。

阐释：

从中央到地方，从社会到企业，包括个人都是参与者，但最直接、最具体、最关键的应当是区（市、县）党委政府、乡镇党委政府和村两委。《乡村振兴责任制实施办法》中指出"实行中央统筹、省负总责、市县乡抓落实的乡村振兴工作机制"。在实践中，乡村振兴的主要战场在"县城-乡镇-村组"，县委书记、乡镇党委书记及村支部书记是本地区乡村振兴的第一责任人。

《乡村振兴责任制实施办法》中还提出"企事业单位和社会组织应当积极履行社会责任，支持乡村振兴。深入实施'万企兴万村'行动，探索建立健全企业支持乡村振兴机制。发挥第三次分配作用，鼓励引导各类公益慈善资金支持乡村振兴。鼓励公民个人主动参与乡村振兴"。其中企业、社会组织及专业机构扮演的是

蒲江县新村民展示墙

市场主体、协同主体，对于乡村振兴起到促进作用。

此外，"市民下乡""人才下乡"，以及"新村民"等自然人都能为乡村注入新的活力，链接新的资源，不可或缺。

11.

乡村振兴的目标是什么？

回答：

农业农村现代化：

农业现代化：农业强国。

农村现代化：和美乡村，共同富裕。

阐释：

2013 年 12 月 23 日，习近平总书记在中央农村工作会议上指出："小康不小康，关键看老乡。一定要看到，农业还是"四化同步"的短腿，农村还是全面建成小康社会的短板。中国要强，农业必须强；中国要美，农村必须美；中国要富，农民必须富。农业基础稳固，农村和谐稳定，农民安居乐业，整个大局就有保障，各项工作都会比较主动。"

因此，农业的出路是科技化、现代化和特色产业。

案例：

四川省邛崃市是农业大县。拥有国家级种业园区，拥有 10 万亩*高标准农田保护区和若干个万亩高标准农田保护区，拥有中法合作的高标准外销型生姜产业基地，拥有"红色引领、绿色发展"的成都市唯一革命老区，形成了 11 个乡镇的乡村振兴连片发展带。

---

* 亩为非法定计量单位，1 亩＝1/5 公顷。

邛崃市国家级种业园区

12.

乡村振兴的实施路径是什么?

回答:

城乡融合-产业融合-要素畅通。

阐释:

现阶段我国处于快速城镇化阶段的后半程,截至2023年年底,全国常住人口城镇化率为66.16%。城市深刻影响着乡村,乡村又反作用于城市。我国的城乡关系已经从过去静态的"二元结构"关系逐步走向"双重互构"关系。乡村振兴已不能局限于乡村范围之内,必须跳出乡村范围并把乡村与城市联系起来,把乡村振兴置于我国加速城镇化的背景、环境与条件之下进行。乡村只有融入城市发展并参与国内与国际经济循环,才能获得产业发展的活力,提高农民收入水平,从而推进乡村经济繁荣与社会发展。城乡融合发展既是乡村振兴战略的社会基础与经济条件,也是乡村振兴战略的实施路径。

通过城乡融合的路径,乡村既能利用城市的聚集经济、规模经济、创新经济和管理方面的优势,又可发挥乡村自身的自然生产与亲近自然的优势,而想要真正利用好这两个优势,基础是提升并丰富乡村产业。党的十九大报告指出"构建现代农业产业体系、生产体系、经营体系,完善农业支持保护制度,发展多种形式适度规模经营，培育新型农业经营主体，健全农业社会化服务体系，实现小农户和现代农业发展有机衔接。"产业是乡村发展的根本，要找准产业，重点要基于更高效、更生态、更智慧的农业；其次应注重高附加值的农产品的生产和加工，延伸农业产业链；同时，针对有工矿、商贸、旅游基础的乡村，充分发挥其资源优势，推进农业与新工业、互联网、旅游、养老等深度融合，建设现代农业公园等新业态。即以农业为基础，发展新产业、新业态，促进农村一二三产业融合发展。

想要提升城乡融合与乡村产业融合的效率，就需要促进城乡的要素流动。城乡要素畅通流动是一个系统工程，既要打造有利于资源要素下乡的制度与社会环境，又要提高乡村公共服务资源配置效率，避免乡村人口外流带来的无效投入，还要保障各方合法权益，形成共建共享长效发展机制。

实现城乡要素畅通流动主要在于三个方面：一是健全有利于城乡人员自由流动的体制机制，二是依据乡村人口变化趋势科学配置资源，三是保障相关利益群体的合法权益。

案例：

陕西省咸阳市袁家村在实践城乡融合、产业融合和要素畅通方面堪称典范。美食街主打一店一品，产业链从田间到餐桌，品牌从乡村到城市商业综合体，管理从村（社区）主抓到社会协同服务，营收从铺面出租的单一形式，到以零租金吸引市民创业分账等多种运营模式。

袁家村成功的关键既在于一个"创"字，即创新驱动发展，又在于一个"联"字，即联农带农共同富裕。

13.

乡村振兴遵循的模式是什么？

回答：

党的领导-政府主导-农民主体-社会协同-专业指导。

阐释：

党的领导是乡村振兴的根本。《中华人民共和国乡村振兴促进法》指出"全面实施乡村振兴战略，应当坚持中国共产党的领导"。乡村振兴是一项复杂性、长期性、系统性工程，只能在党的领导下才能完成。

政府主导是由中国特色社会主义的性质决定的。不论是企业、组织，还是个人，都不足以担负起乡村振兴这项历史性任务。政府在乡村振兴中起着举足轻重的作用，需要在政策制定、组织领导、规划设计、资金保障等方面，为乡村振兴提供支持。

坚持农民主体地位是实施乡村振兴战略的基本原则。在乡村振兴中坚持农民主体地位，应做好以下三个方面的工作：第一，必须坚决贯彻以人民为中心的发展思想。把保障农民利益放在第一位。探索建立有效、长效的利益联结机制，确保农民持续获益。第二，必须真正把群众说了算落到实处。把农民拥护不拥护、支持不支持作为制定政策及决策的依据。第三，必须充分调动农民的积极性、主动性、创造性。激发农民主人翁意识，发动和组织农民积极投身乡村振兴实践。

社会协同、专业指导是实现乡村振兴的重要手段。鼓励社会多方参与，充分发挥市场在资源配置上的决定性作用，基于专业指导制定符合当地的实施方案，充分尊重乡村发展规律和基层群众现实需要。

14.

乡村振兴地方政府如何考核？

回答：

安全账-经济账。

阐释：

在乡村振兴项目实践中，地方基层政府经常陷入算账的难题，难以通过安全、经济考核。

乡村振兴是国家战略，涉及基础设施、公共服务、产业项目、市场运营等方方面面。中共中央办公厅、国务院办公厅印发的《乡村振兴责任制实施办法》明

合作社股东分红大会

确规定了政府、企事业单位、社会组织及专业机构的责任边界，比如"组织实施乡村建设行动，结合农民群众实际需要，统筹乡村基础设施和公共服务布局"，这是国家的责任，是政府的责任，不应根据经济回报来算账。同时要把确保粮食和重要农产品供给作为首要任务，严格落实耕地和永久基本农田保护、高标准农田建设任务，这是国家层面的"安全账"。

对于以市场为标准的产业性、经营性项目等，"经济账"才是考虑的首位。

15.

乡村振兴实践的共创原则是什么？

回答：

权力不任性-资本不任性-农民不任性。

阐释：

"权力不能任性"强调集体观念。明月村项目的引进和管理，从来都不是一个人说了算，而是由集体说了算。这个集体在项目初期阶段是"项目工作小组"，2016年以后就是村两委。所有涉村事务都要经过集体讨论，尊重集体意见。

"资本不能任性"强调发展理念。不是谁看中了明月村这块山青水绿的好地方，或是谁有钱，就可以任意妄为，而必须尊重区域的发展定位、产业要求和业态需要。

"农民不能任性"，即教育村民看长远、谋长远，不能"就地抬价"，影响发展大局。

16.

乡村振兴的重点是什么?

回答:

提升乡村产业发展水平-提升乡村建设水平-提升乡村治理水平。

阐释:

2024 年 1 月 23 日上午,国务院新闻办公室举行 2023 年农业农村经济运行情况新闻发布会,农业农村部有关负责人出席发布会,并介绍了 2024 年我国"三农"工作的重点。

"三提升",即持续提升乡村产业发展、乡村建设和乡村治理水平。一是全链推进乡村产业发展,做好"土特产"文章,做精做优乡村特色产业,发展壮大农产品加工业,深入推进农文旅融合,促进农村一二三产业融合发展;二是务实推进乡村建设行动,从农民最迫切的现实需要入手,谋划推动农村基础设施和公共服务普及普惠、以小见大、以点带面、可感可及的关键要事,扎实推进宜居宜业和美乡村建设;三是持续加强乡村治理,推进农村移风易俗,推广清单制、积分制、接诉即办等务实管用的乡村治理方式,增加富有农耕农趣农味的农村文化产品供给。

案例:

以成都市温江区高山村的川农牛科创农庄为例:

在提升乡村产业发展上,川农牛科创乡村模式通过激活和优化资源配置,构建品牌化的特色农业产业体系,挖掘乡村产业多功能价值。一是激活土地要素。以科技成果就地转化为切入点,探索土地规模化流转、专业化经营的最大化价值发展路径,深耕细作新品种试验示范,实现单元化碎片化家庭土地委托至集体经济组织(即"化零为整"),夯实产业增效的基础。二是突出品牌培育。立足温江农业特色，发展"社区支持农业（CSA）"新模式，创办见山农业新型公司，做精"稻·见"大米、"大蒜咖啡""红香糯米酒"等农产品，以培育"姓温有据"的农业特色品牌助力村集体经济组织连接大市场、建成现代化大产业。三是形成三产融合新业态。统筹"田水林院"资源，打造集试验示范、研学参访等为一体的大田景观。同时，促进闲置农房资产经营性开发，提质营建科农 in 智慧农业中心、榜样青年 CSA 共享社区等城乡融合发展示范点，实现要素资源利用价值最大化。

在提升乡村建设上，采取"投改股"的方式，利用 1000 余万财政支农专项资金修建农业发展场所、改善基础配套设施，成都都市现代农业产业技术研究院有限公司与高山村共建科创载体，配套建设科创云超市和成都农信职业学校，打造"一站式"科创服务体系。一是集中打造川农牛科创农庄。首先，建立高校科技队伍能够落地、入驻高山村的载体平台——川农牛科创农庄，配套了展示、培训、餐饮等功能。其次，提升载体平台内涵建设，打造了相辅相成的两大业务板块：科创云超市及成都农信职业学校，通过集成专家、成果资源，提供系统化的科技供求中介服务，同时通过培训学校引流实现连接主体、裂变企业、品牌赋能。目前，科创云超市共搭建公共技术服务平台 12 个、孵化农业科创企业 45 家；成都农信职业学校接待现代农业主体调研学习 3 万余人次。二是引育人才矩阵。构建农业全产业链人才智库，推动各类科技人才向乡村聚合。目前已聚集现代种业、生物农业、数字农业等领域高端研发团队 41 个，如卢艳丽教授领衔的"玉米"团队、朱军教授领衔的"水稻"团队等。三是共建示范载体。高山村与中国农业科学院、四川农业大学、四川种业集团、成都市农林科学院等高校院所联建现代种业示范基地，开展选种育种技术联合攻关，突出科技创新引领和示范功能。已建成四川农业大学稻蒜轮种基地、四川种业集团新优品质示范基地、中国农业科学院智慧植物工厂、现代种业院士（专家）工作站等；攻克关键技术 37 项，研发出"象牙香""红香糯""川康优 6308"等系列新型水稻品种，实现亩均产值 5%～15% 的提升。

成都市温江区川农牛科创农庄

在提升乡村治理上，组建了高山村双创园联合支部，将"党建链"嵌入集体经济发展路径，形成了"党建联动＋产业联盟"的"双联双促"体系。同时，通过给予科技人员"新村民"待遇，畅通下乡科技人才建言献策的参与机制。通过机制强化利益共享，高山村与成都都市现代农业产业技术研究院有限公司川农牛科创农庄建设项目按照3：7比例分红，村集体每年享有20余万元的稳定保底收入；川农牛科创农庄通过打造新场景、培育新业态，盘活村集体闲置资源；村民获得保底租金、二次分红、土地流转、产品溢价等方面的收益。

17.

乡村振兴的痛点是什么？

回答：

乡村运营。

阐释：

大量实践证明，缺乏乡村运营或先建设后运营的乡村普遍存在可持续发展难题，空有房屋而无游客，空有场景而无消费，造成大量的资源投入没得到应有的回报。

邛崃市川王村（四川省乡村振兴示范村）村投公司组织的
"公益慈善篮球赛"

要解决这个问题，就必须将运营前置，在规划、建设的环节中，就考虑未来运营所需的空间及运营方向，提前避免可能遇见的难题，并准备运营人才及团队。要明白对于市场性、经营性项目而言，规划和建设的目的就是为了运营，故应将运营放在第一位来对待。

在具体的实践中，乡村运营应注意以下四个方面：

在机制创新上，要突出"政府有为、市场有效、主体有力"，缺一不可。以前我们着重强调"政府有为、市场有效"，这是没错的。但是，乡村运营的主体是村（社区）集体。离开了主体谈运营，必定产生"包办婚姻"，影响村（社区）集体的积极性、运营的可持续性。乡村振兴进入新阶段，部分地区的乡村振兴工作，已经进入乡村振兴的"下半场"，这些地区更要注重从依赖政府主营转向更加注重利用市场机制运营。乡村运营中，政府不是运营的主体，运营主体是村（社区）集体。但是，政府不能缺位，要积极为乡村运营创造营商环境、参与制度设计、制定规则、完善标准等，助力乡村运营在公平、公正的环境下可持续发展。

在模式创新上，要注重从外部"输血"引导向内生"造血"培育。一方面，由项目带动为主转向人才带动为主，克服"重输血轻造血""重项目轻带动"的惯性制约。另一方面，应结合不同地区"农、人、文、景"等运营要素、资源优势和市场需求，因地制宜进行深度产业重组，制订差异化、特色化的产业发展方略，充分发挥运营对乡村经济的"乘数效应"。特别提醒，各地应根据当地情况，坚持因地制宜，先试点，后推广。

在制度设计上，要注重完善利益联结机制，实现企业有利、集体壮大、农民有益、治理高效。乡村运营是多主体参与价值共创、利益共享的一种乡村创业合作模式，需要建立利益联结机制、多方协商机制，实现可持续发展。政府有关部门要积极引导，制定规则，正向激励，促进各方合作共赢。

在人才建构上，坚持"育与引"双向发力。一是要加大对村干部的培训力度，尤其是村支部书记。从总体上增加乡村人才总量。二是开展针对性强的乡村运营专业培训或村级干部培训，"让乡村运营成为村干部的必修课"。三是要持续深入贯彻"两进两回"方略，促进科技、资金进乡村，青年回农村，助力乡村运营。

大量实践表明，正确处理好乡村运营商或团队与村集体和村民的利益关系，十分重要。乡村运营是比经营单个公司更加复杂，尤其要注重各方利益的相对平衡，否则会影响运营成效，甚至会导致项目"半途而废"。

三、关于方法

18.

乡村资源有哪些？

回答：

区位交通、公共配套、历史文化、文物遗址、集体建设用地、宅基地及人力资源等。

阐释：

摸清家底，查明现状，是每个村庄应做的第一件事情。我们常讲 ABC 判断法：A 是指核心吸引物或核心吸引力；B 是指基础，比如交通、供水、电力、网络等基础设施建设和公共服务布局；C 是指发展空间。

以蒲江县明月村发展的中期为例，A 核心吸引物是以宁远、李清、赵晓钧等为代表的新村民，以及以明月窑为主的文创产业；B 基础是成雅高速直达；C 发展空间是指明月村有 187 亩国有建设用地，以及当地的闲置院落。

用 ABC 判断法理清村庄的核心要素后，应将村庄进行分类。根据《国家乡村振兴战略规划（2018—2022 年）》和《关于加强村庄规划 促进乡村振兴的通知》，将村庄类型分为"城郊融合类""特色保护类""集聚提升类""搬迁撤并类"。根据村庄的类型及拥有的要素，确定发展定位及方向。

19.

如何梳理乡村资源？

回答：

超级整理-要素排序-导入观点-系统重构。

阐释：

第一步是超级整理（即梳理），掌握状况，取得关于研究对象的信息。第二步是从各种角度检视关于对象的信息，努力寻找潜在的闪光点与容易忽略的细节。然后根据重要性，对这些信息进行排序，如对于目标村落，到底是区位优势还是当地文化更具有价值，在这个阶段应做出初步判断。第三步是导入观点，这些经过整理和排序的要素意味着什么？能往哪个方向发展？第四步是系统重构，根据观点制订问题的解决方案。

案例：

以大邑县的安仁古镇为例。经前期梳理，发现安仁古镇有民国庄园及公馆27座，有中国最大的民间博物馆聚落——建川博物馆聚落，有西南最大的老物件及古玩交易市场，还有川西坝子良田万亩。这就是"超级整理"与"要素排序"。

百年安仁　馆藏中国

通过导入观点，提出"百年安仁　馆藏中国"的宣传用语，提出"中国博物馆小镇"的定位，将教育、文博、文创、文旅和田园休闲作为产业发展方向。目前，安仁古镇是5A级景区，建川博物馆是国家一级博物馆。

20.
如何为乡村发展定位？

回答：

乡村发展定位（最长久）-乡村产业定位（最重要）-乡村形象定位（最关注）。

阐释：

定位是乡村振兴项目实施的重中之重。定位找准了，自然能够事半功倍。定位好，乡创各个板块就能顺利开展，取得好的效益。没有找准定位，无论从哪方面入手，都是一团乱麻，即使某些板块完成得好，总体上也不能获得好的收益。

在乡村实践中，主要有三大定位。

一是发展定位，要从长远的角度考虑，并对接国家的乡村振兴战略，比如宜居宜业和美乡村就是国家乡村振兴战略中，对于村庄的定位。二是产业定位，产业是经济发展的基础，定位要结合村庄现有的特色产业，以一二三产业融合发展为路径，激发村庄的生产潜力。三是形象定位，通常用于对外宣传，一方面要注重提取当地的特色要素，另一方面要追求精简与朗朗上口的宣传语，方便记忆和传播，比如大邑县安仁古镇的"百年安仁　馆藏中国"，都江堰片区的"拜水都江堰　问道青城山"。

21.
如何做出实用性策划？

回答：

专题研究（针对性）-研究性策划（实用性）-乡村规划（法规性）。

阐释:

村庄规划是法定规划,是国土空间规划体系中乡村地区的详细规划,是开展国土空间开发保护活动,实施国土空间用途管制、核发乡村建设项目规划许可、进行各项建设等的法定依据。但在乡村振兴一线实践中,一些村庄规划时常让人诟病,问题主要在于:一是"大",二是"贵",三是"不落地"。这是因为长期以来乡村规划理论基础匮乏,再加上经费不足、重视不够等因素,造成了单个乡村规划大量简单照搬城市模式,注重形式、内容空洞,农民看不懂,实用性不足。自然资源部办公厅《关于加强村庄规划促进乡村振兴的通知》中指出"坚持有序推进、务实规划,防止一哄而上,片面追求村庄规划快速全覆盖"。

在实践中,只要不违背上位规划,不违反耕地保护政策及法规要求,只要坚持因地制宜、突出地域特色,可以先行尝试关于若干基本问题的研究性策划,抑或针对某项主题的专题研究,这两种方法不必追求大包大揽,而是具体问题具体分析,以实用有效为追求目标。当乡村规划启动后,"研究性策划"与"专题研究"方案也可以为乡村规划提供充分的现状信息与研究内容,以及关于问题的思考和解决方案。例如,邛崃南宝山镇川王村和云南弥渡县古城村都采取了这种方式,均是当地的省级乡村振兴示范村。

22.

如何做好乡村建设?

回答:

系统性(全局性)-专题化(针对性)-针灸式(精准性)-微改造(有效性)-在地化(长久性)。

阐释:

系统性是指要将乡村发展、建设、治理、运营作为一个完整的系统来考虑,仅有建设,缺乏有效的治理与运营,乡村便难以可持续发展。

在建设中,不应一味大拆大建,可以根据点位的功能及特色,针对性设置专题,精准把控范围,以比较温和的方式进行改造。对于涉及保护与新建的问题,参照"新则新之，旧则旧之"的原则。对待新事物要时刻保持发展的眼光，与市场需求、时代变化接轨。同时，对待已经存在的事物，比如经过历史积淀而保存下来的各种遗址、村落等要采取保护的手法，尊重村庄原有的自然和人文生态。

在地化是指通过深度挖掘乡村历史文化、人文内涵和自然资源，培育乡村特色产业，引导乡村建设。盲目追求"网红化""噱头化"并不可取，容易陷入流量过后一地鸡毛的问题，只有以内容、以产业、以文化激发村庄消费活力，才能长久发展。例如，陕西袁家村就是通过充分发挥关中特色，做大做强产业，成为知名乡村振兴案例。

23.

如何培育乡村经济主体？

回答：

集体经济组织（特别主体）-专业合作社（市场主体）-投资性或经营性公司（工商主体）-乡村经济联合体（混合经济）。

阐释：

农村集体经济组织是特别主体，由农业农村部主管部门负责登记。2024年6月28日全国人民代表大会常务委员会审议通过了《中华人民共和国农村集体经济组织法》。这部最新的法律中规定："农村集体经济组织是发展壮大新型农村集体经济、巩固社会主义公有制、促进共同富裕的重要主体，是健全乡村治理体系、实现乡村善治的重要力量，是提升中国共产党农村基层组织凝聚力、巩固党在农村执政根基的重要保障。"农村集体经济组织统一经营管理的集体财产，分为两大类：一类是经营性资产，采用集体办企业或兴办其他市场经营主体的形式，集体只按出资额对所属企业的债务承担有限责任；另一类是非经营性财产，用于支持文化、教育、医疗、公共服务和社会保障等事业发展和基础设施建设，是非营利性的。

专业合作社是市场主体，虽然有一定的联合劳动的属性，但它并不排除按资产分配的原则，因此，可以按股分红，或按交易量的多少分红。由于专业合作社通常只是经济活动中某一环节或某一领域合作形式的呈现，因此不具有社区性和社会功能，故在乡村整体运营方面，专业合作社存在一定的局限性。

投资性或经营性公司是工商主体，一般是作为外来资本投入方进入乡村，需要承担一定的"联农带农"和"共同富裕"的责任。

乡村经济联合体是农村混合经济方面的一种探索。以邛崃市天台山镇"四方经济联合体"为例，"四方经济联合体"由村集体、地方政府融资平台公司、民营企业、村民共同筹资组建，四方各持股25％。村集体入股可以资金＋实物形式，也可以认缴，属于资格权，是村民主体和村民利益的具体体现；地方政府融资平台公司和民营企业是协同主体，都以资金入股；村民个体是自然主体，除在集体享有的份额外，允许先富先行、投资入股，同时有特殊规定：民营企业为村民投资部分以银行同期存款利息保底＋溢价分红。

发展乡村，理清乡村经济主体之间的关系尤为重要。

24.

如何连接城市力量？

回答：

机构下乡（支撑性）-人才下乡（重要性）-市民下乡（普适性）-乡村旅游（流量）-乡居社区（可长久）。

阐释：

党的二十大报告指出"坚持城乡融合发展，畅通城乡要素流动"。机构下乡、人才下乡、市民下乡都是城乡融合与要素流通的体现。

农业农村部、国家发展和改革委员会等九部门联合印发的《"我的家乡我建设"活动实施方案》中提及"畅通回引渠道，强化政策引导，激发内生动力，营造共同规划家乡、建设家乡、服务家乡的浓厚氛围，促进人才、资金、技术下乡，赋能宜居宜业和美乡村建设。"人才下乡能为当地带来新的理念、技术和管理经验，弥补乡村存在的人口外流、资源匮乏等问题，激活内生动力，促进当地的经济发展和产业升级。同时人才下乡可以采取驻留制，城乡两栖。

实践证明：相比于单个人才，组织完善的机构下乡更具稳定性和影响力，能调整城乡资源配置格局，让优质资源流向乡村，为当地发展提供强力的支撑。

市民下乡是普适性的市场活动，吸引市民的手段可以是乡村旅游，也可以是旅居和乡居。其中，旅居和乡居是在地城镇化和逆城市化的"新方向"，由此形成的乡居社区是新时代城乡融合的平台与载体。

案例：

2017年湖北省武汉市出台了《关于开展"市民下乡、村民进城"活动 加快新农村建设的支持措施（暂行）》，其中包含20条具体支持政策，被称为"黄金20条"。

"黄金20条"中的措施有："对'市民下乡'租赁空闲农房创业创新的，享受农业科技示范户待遇，科技示范户可享受贴息额度为贷款5万元以内（含5万元），核心示范户可享受贴息额度为贷款30万元（含30万元），按国家基准利率给予全额贴息。"

"黄金20条"大力推进"市民下乡"相关制度改革，优化所需的流程，给予下乡市民和在地村民补贴，是赋能村庄及连接城市力量的有效措施。

25.

在地创业有哪些形式？

回答：
民居-民宿-餐饮-民俗-非物质文化遗产-作坊-庭院经济-微旅游-微度假。

阐释：
产业振兴是乡村振兴的基础和关键，而且乡村振兴的主体是农民。在发展的过程中，引导农民积极参与，要让农民尝到甜头，农民的收入增长才是乡村振兴的价值和意义。因此，在地创业是乡村振兴的重要支撑，也是农民创收的一个途径。

蒲江县藕塘村民宿

农民的在地创业能与返乡创业、大学生创业、新村民创业相互交融、相得益彰。相比于其他业态，农民的在地项目往往成本更低，收益更好，经营更长久。

农民可参与的业态，不仅可以是普遍的民宿或餐饮，还能是与当地文化紧密联系的特色民居、民俗展示店、非物质文化遗产手工作坊。2023年的中央一号文件明确提出"鼓励脱贫地区有条件的农户发展庭院经济"。一般来说，庭院经济即农户家庭院落经济，指的是农民以自己的住宅院落及周边场域为空间范围，以家庭为单位进行小规模生产经营，为自家和社会提供农业土特产品和有关服务的经济形式，是农业经济的组成部分。发展庭院经济对多方都有好处。对农户，有助于其合理利用院落等闲置资源，为家庭增加一份收入。对村庄，发展好庭院，有助于增添村庄的绿色和文化韵味，将居民生产生活和环境美化相结合，乡愁也有了情感的载体。对县域，由庭院汇聚和培育特色产业，打造一村一品，有助于形成县域经济新的增长点。对国家，庭院生产的土特产品可以农户自用，也可向市场供给，有利于增强食物保障能力，夯实广义粮食安全根基。

随着时代的发展，微旅游、微度假也逐渐成为乡村旅游未来的发展方向。微旅游、微度假是区别于休闲和传统度假的新事物，具有六大特质，即微距离、微时间、微计划、微空间、微品质、微成本，其目的地形态是"小、轻、新"，即小众景点、钱包轻松、新异独特，符合乡村作为旅游目的地的特征，适合在地农民参与。

图为古城村部分在地创业项目

云南省弥渡县古城村在地创业项目

26.

如何有序有效推进项目实施?

回答:

基础设施(政府)-公共公益项目(政府)-产业化项目(支撑性)-示范项目(政策支持)-市场化项目(招商)。

阐释：

决定项目能否顺利推进的两个核心要素是时间和顺序。

时间方面，第一年是重中之重，万事开头难，做好第一年，能为接下来项目的发展奠定良好的基础。

顺序方面，政府先行尤为关键，第一步是要为项目的布局打造好基础设施。第二步是跟进引入公共公益项目，这对于加强与当地群众联系，方便后续项目展开十分关键。第三步是布局当地支撑性的产业化项目。第四步，先要将标杆立起来，即启动示范性项目，其目的在于为社会创业做榜样，为市民下乡、机构下乡做先导。开创了"外滩三号"等时尚消费地标的美籍华人李景汉曾说"标杆要立起来。标杆很重要，从低到高很难"。但是，示范项目具有风险性、不确定性，故要因地制宜，贴近当地的自然和人文环境，突出当地的文化特色。为了保障示范项目的顺利落地，政府最好给予政策上的支持及补贴。第五步，示范项目的启动对于后续市场化项目的招商有积极的促进作用。一般，在示范项目之后，市场化的投资性和经营性项目会接踵而至，这种方案屡试屡成功。

27.

如何做好招商引资？

回答：

土地资源-房屋资源-空间资源-产业资源-集体经济组织资源-地方政策。

阐释：

逆城市化、市民下乡、田园商务区、旅居社区等都能助力乡村发展，但在实际的实践过程中，市民、企业、机构等主体还是对于进驻乡村抱有疑虑，或者无法在村庄中稳定而长久的发展。从实践经验来看，影响的因素主要有以下几个方面：政策不稳定，没有足够的资源可发挥利用，农民不信守合约等。

对于资源，除了一般意义上的合法合规的土地、闲置房屋、可使用空间等，乡村拥有的产业也是吸引市场的重要因素；对于在农村交易潜在的信用问题，推荐的做法是：农民对接村集体，村集体对接区、市、县的交易中心，再由交易中

蒲江明月村远远的阳光房（房屋资源）

心来对接想要进入乡村的市民和市场主体。这样一是可以避免资本无序涌入乡村，造成农民的主体地位受到损害；二是可以通过村集体与政府来保障交易的信用，稳定市民及市场的信心。

28.

如何做好做强乡村产业？

回答：

宜居：民居-民宿-旅居-乡居-社区。

宜业：粮食安全（义务）-经济作物（挣钱）-农业加工（二产）-庭院经济（三产）-社区经济（新质生产力）-乡村产业（发展）。

叠加：农商文旅体艺（生态价值、空间价值、体验价值）。

阐释：

乡村产业是"农业＋"，农民可以凭借自己的手艺，一是走"宜居"路线，利用自己拥有的闲置房屋，打造民居民宿产业，同时将传统的民居民宿产业向旅居、乡居及社区的方向发展；二是走"宜业"路线，以保证国家的粮食安全为底线，在合法合规的基础上种植经济作物获取收入，并以此融合一二三产业，即农业加工（二产）、庭院经济（三产）、社区经济（新质生产力）。

就村庄而言，可以成立"村投公司""农文旅"公司、"在地运营公司"，走集体经济、联农带农共同富裕的发展道路。

29.

如何做好乡村运营？

回答：

建设前，运营前置；建设后，孵化移交。

阐释：

做好乡村运营，第一要提高认识，将乡村运营置于与乡村发展、乡村建设、乡村治理同样的地位，形成闭环系统；第二是要有方法，在乡村规划（策划）、乡村设计和建设、乡村治理的过程中提前布局乡村运营，根据运营需求，丰富规划内容，调整设计和建设相关的方向和细节；第三，引入社会力量，通过专业团队先把当地的运营做起来，村集体派人跟学，最终培育出一支在地的独立的乡村运营团队。

基于彭州海窝子古镇案例，总结了乡村运营实践的两种模式：一种是"示范、陪伴、孵化"模式。派遣运营CEO及助理两人，每个月固定驻村一定天数，用至少一年的时间培育在地团队。培育在地团队的内容包括团队组建、业务能力、活动举办、市场营销等。在地团队通过一年或者两年的观摩、学习、实践，在基本胜任乡村运营工作后，运营CEO及助理将经营权移交在地团队，完成孵化。另一种是"三带一承担"乡村运营模式，即带一支团队来运营，带上经费来运营，带出一支队伍后退出，独立承担运营风险，运营期间团队与村集体按照协商的比例分流水。

30.

为何要重视乡村社区营造？

回答：

社区营造（自下而上）。

阐释：

在一线实践中，乡村社区营造很容易被忽略。重规划，因为这是硬性要求；重建设，因为项目看得见；抓治理，因为上级有检查。对社区营造，由于认识不够，以为只是搞活动凑热闹而已，难以得到人力资源和经费的支持。但成功的社区案例都有优秀的社区营造方案。例如，这两年阿那亚和麓湖模式的爆火，从本质上看就是社区营造的成功案例。

处于成都的麓湖，经过十年的努力，成立了麓湖社区发展基金会，发展出150＋社群，一年2000＋场的日常活动。这些活动的特点是高频率、低成本。2022年，麓湖组织了1799场活动，麓湖社区发展基金会出资56.24万，平均每场活动约313元。其中，活动包括一年一度的社区节日（花岛节、龙舟节、渔获节、麓客之夜）活动，每次参与人数均达千人以上，多个社群和社区融合共建。还有超过百人的月度活动和持续运营的日常活动。

麓湖不仅把自家的社群做得有声有色，还将社区空间活化经验汇集整理，开发出社群运营官培训课程，成立麓客社创中心，吸引大量政府机构、地产和社区营造机构参与。从2022年开始，麓客社创中心和国内先锋创意机构TOPYS联合发起"CCC成都社群大会"，联动国内70多个优秀社群及机构参与共创，助力社群生态发展。

与麓湖的本地居民社区营造不同，处于北戴河的阿那亚，其大部分业主是北京人，大部分时间都不在阿那亚。为了说服北京中产将阿那亚作为其精神后花园，阿那亚开始了造节活动。阿那亚联合国内知名导演、演员和舞台艺术工作者，将数百位中外艺术家和数万名参与者集结于海边，举办"一半是海水，一半是戏剧"的海边戏剧节。2023年的戏剧节，11天的节日，38部戏剧，110场演出，接待近4万名观众、30万名游客。阿那亚每年约有11个文化节日和1500场各种文化主题活动。通过造节活动，成功将阿那亚从一个已经烂尾的商业地产项目转变为文旅度假项目。

阿那亚的马寅将其中的成功归功于精准的业主定位和社区运营。为了建设理想的度假社区，马寅不仅邀请了著名的建筑师来设计诗意的建筑，而且还注重打造并运营与业主相关的社群。虽然业主不在阿那亚，但是不妨碍他们在线上建立近百个社群，如戏剧群、跑步群、足球群、家史群、读书群、爱乐群、摄影群、舞蹈群、诗社群、风筝冲浪群等诸多兴趣群。阿那亚的各种图书馆、教堂、礼堂、食堂也给他们提供了线下聚集的空间。阿那亚每年上千场文艺活动不仅给业主带来沟通交流的机会，还带来了大批的游客，让阿那亚的房子成为业主的租金收入来源。

社群建设和社区活动都做好，人们才有归属感，社区才有向心力。

31.

如何营造乡村振兴场景？

回答：

田园（景观）-社区（乡愁）-文化（特色）-产业（交易）-集体经济（主体）-数字乡村（现代）等。

注：6＋N！（N可持续拓展）。

场景营造是乡村吸引市场、促进消费的关键手段，可以推动乡村资源创意聚集，将乡村文化、产业和人才的"资源洼地"变为"价值高地"，实现乡村经济高品质发展。不同于城市，乡村的场景营造要注重发挥自己的特色，要利用自身现有的资源，而不是盲目地建设假景观、追求高大上。

资阳市晏家坝村俯瞰图

乡村的场景营造如下：

一是田园景观，田园即乡村的特色，既有自然风光，也有人们的劳动画面，让乡村还是乡村。二是社区文化，展现乡村独有的淳朴生活状态。三是乡村产业，可以在生产的基础上开拓参观、体验等项目，提升附加价值。四是集体经济，坚持农民主体地位，激活农村资源要素。五是数字乡村，引入新科技元素，为原来的乡村带来活力。

在这些场景之上，还可以根据村庄的自身特点再行拓展，即6＋N！

四、关于实践

32.

战旗村的价值是什么？

回答：

在地村镇化。

成都市郫都区战旗村街道

阐释：

战旗村，位于四川省成都市郫都区唐昌镇西部，处于郫都区、都江堰市、彭州市三市（区）交界处，距离成都市区40多千米，全村面积5.36千米²，耕地5441.5亩，辖16个村民小组1445户4493人。战旗村原名集凤大队，20世纪六七十年代"农业学大寨"，集凤大队学先进、赶先进，大搞农田水利基本建设，成为当地一面旗帜，因此改名战旗大队，后又更名为战旗村。几十年来，战旗村立足实际，紧跟党的步伐，坚持走集体发展、共同富裕道路，成绩骄人，先后荣获"全国军民共建社会主义精神文明单位""全国文明村"、四川省"四好村"等荣誉称号，是四川省新农村建设重点试点村及示范村、中国美丽休闲乡村、国家 4A 级旅游景区、首批全国乡村旅游重点村、首批全国乡村治理典型案例。2018 年春节前夕，习近平总书记到战旗村考察，对战旗村党建活动、集体经济、产业发展、文旅融合等给予了充分肯定，称赞"战旗飘飘，名副其实"，并嘱托战旗村要在乡村振兴中继续"走在前列，起好示范"。

2023 年战旗村集体资产已达 11658 万，集体经济收入 705 万元，村民年人均可支配收入 4.03 万元，是远近闻名的共富村、明星村。

总结战旗村的乡村振兴经验，影响要素有很多，比如抓好党组织建设，做大产业品牌，提高治理效率等。我们认为战旗村的核心价值是"在地村镇化"。

"在地村镇化"是一种新形态，也是一种新价值，指农村人口在原地转化为城镇人口的过程，通过提升当地的基础设施和服务，促进农村经济和社会的发展，使农村居民能够享受到与城市居民相当的生活水平和公共服务。

这一过程强调的是在保持农村社区特色和功能的同时，通过改善基础设施、提升公共服务、促进产业发展等措施，实现农村居民向城镇居民的转变。这种村镇化模式旨在促进城乡一体化发展，减少城乡差距，提高农村居民的生活质量，而不是简单地将农村居民迁移到城市。

战旗村的基础设施、公共配套、商业店铺、村民聚落都达到了一定规模。战旗村依靠的是什么？是居民，是社区，是生活，而不是单纯的乡村旅游。旅游只是战旗村产业的增量，是产业＋。

33.

东林村的价值是什么？

回答：

现代农业和社会力量。

阐释：

东林村地处四川省成都市郫都区德源街道东南部，辖区面积 4.25 千米²，耕地面积 4429 亩，属于都江堰核心灌溉区，土壤耕层深厚、疏松肥沃，境内河网及沟渠纵横，水资源丰富。

2021 年，东林村乘着中国·第二届天府大地艺术季的春风一炮而红。依托本底生态优势，东林村成功打造"东林艺术村"品牌，形成集农田生态景观、大地艺术装置展览、旅游休闲、文化传播、科普教育等为一体的农商文旅体融合发展艺术乡建新空间。

另外，值得一提的是，在走艺术路线前，袁隆平种业硅谷还入驻了有着环境和地理优势的东林村，超过 4000 个水稻品种在此试验，成为这个村的一大 IP。如今东林村是成都市三星级现代农业园区。东林村种植的"德源大蒜"为国家地理标志保护产品，远销欧美、东南亚、日本、韩国等地。

注重现代农业发展，是东林村发展的"根本"，艺术村、社会力量的注入是附加价值。

34.

明月村的价值是什么？

回答：

新村民和老村民都成为"我们"！

阐释：

四川省成都市蒲江县明月村距离成都市区 90 千米，村内生态环境优美，陶艺文化底蕴深厚，有生态雷竹 6000 余亩，茶园 2000 余亩，古窑 4 口，其中明月窑有 300 多年连续烧造历史。明月村被评为联合国国际可持续发展试点社区、中国最美乡村、四川省实施乡村振兴战略工作示范村。

明月村工作组坚持"安居、乐业、家园"的理念，确立了"权力不任性、资本不任性、农民不任性"的三个不任性原则，通过在土地制度和创业环境上提供保障，为新村民加入及老村民在地创业提供了一个共创共享的合理运营环境。

为了突破发展遇到的瓶颈，2024年2月，新老村民合作成立"成都明月村文化旅游发展有限公司"，以"从今天开始新村民、老村民都成为我们"为理念，共同研发产品及运营。

明月村新公司成立

明月村新公司的机制及组织架构有三个关键数据。一是3个主体。成都明月村文化旅游发展有限公司由3个主体出资组建，分别为代表明月村村集体的明新（成都）乡村旅游有限公司，代表村集体与本地村民的成都明月乡村旅游专业合作社，代表明月村经营项目与独立个人的成都明月村结庐旅游合伙企业（有限合伙）。二是51∶49。成都明月村文化旅游发展有限公司的股份组成中，村集体与旅游专业合作社占股51%，明月村经营项目与个人股东占股49%，保证公司的村集体经济属性和村民的主体地位，体现城乡融合的明月村特征。三是7票。成都明月村文化旅游发展有限公司法定股东代表7位，其中新村民代表3票，村集体与老村民代表3票，第三方公益机构三加二读书荟1票。延续明月村"三个不任性"的制度设计，相互制衡，充分尊重各主体的利益诉求。

成都明月村文化旅游发展有限公司的成立，意味着明月村进入了"整村运营"的新阶段，新老村民联合成"我们"，走可持续发展的市场经济之路，必将在明月村发展的过程中留下浓墨重彩的一笔。

35.

铁牛村的价值是什么？

回答：

城市青年的社会实践。

阐释：

铁牛村因村内西汉冶铁遗址残留铁渣形似铁牛而得名。全村辖区面积 9.59 千米^2，辖 12 个村民小组，总人口 1073 户 3634 人（常住 2659 人，外出务工 975 人约占 27%）。登上央视"山水间的家"，播放量达 8 亿次（截至目前，全国共 24 个村入选，四川省仅 2 个：成都市蒲江县铁牛村、眉山市青神县兰沟村）。先后获评 2017 年省级四好村、2021 年省级乡村振兴示范村、2022 年金熊猫奖先进集体、2022 年省级乡村旅游重点村、2022 年文化振兴省级样板村。2022 年青山铁牛旅游环线获评全国十大最美农村公路。

铁牛村的最大价值在于"城市青年的社会实践"。

铁牛村聚焦人才引领乡村振兴，引进以上海 PURE 建筑师事务所合伙人施国平为代表的新村民 63 人，成立村企联合体（"丑美铁牛"）统一规划设计和运营管理，打造生态果林乐园、铁牛妈妈的餐厅等空间，创立生态丑柑品牌"丑美阿柑"，举办"丑美生活节""低碳生活节"等大型活动，链接 15 家城市共创方，源源不断地吸引以海归青年何孝成为代表的 20 余名本村青年、300 余名候鸟村民、200 余户本地村民共同参与乡村振兴，持续推动村级集体经济发展壮大，带动村民致富增收。

通过新村民为老村民连接城市优质教育资源，开设自然教育、英语、音乐、手工、太极等培训课程，培训生态有机种植技术、生态建筑工艺、美学文创理念、运营管理经验；通过老村民向新村民普及当地风俗文化、乡建艺术、蒲江方言等方式，促进新老村民相互理解、彼此认同。

新老村民共同组建村企联合体，以导览产品、生态种植等合作项目为切入口实施开发运营，逐步形成了村集体、老村民和新村民良性沟通、合作共赢的发展

蒲江县铁牛村施国平团队

模式。一是发展铁牛村导览服务，带动铁牛村餐饮、住宿、农副产品等消费。二是拓展生态种植示范园。新村民 9 亩生态种植果园的成功获得了老村民的认可，2023 年以村企联合体名义将果园规模扩大到 40 亩，通过新村民企业（销售方）＋村企联合体（组织方）＋专业技术服务机构（技术方）＋当地农民（种植方）四方合作，构建起利益连接机制，进一步推动村集体经济发展壮大和农民致富增收。

据 2023 年底统计，村企联合体实现营收 40 万元，村集体经济收入 110 万元，均大幅度增长。

36.

川王村的价值是什么？

回答：

民营企业家参与建设家乡。

阐释：

邛崃市南宝山镇川王村位于邛崃市西翼、南宝山镇南面，与平乐古镇、火井古镇相邻，距离邛崃市区35千米、邛茗高速公路临济互通15千米、成都经济圈环线高速公路大同互通20千米，邛（崃）芦（山）路、道（佐）火（井）路穿村而过，交通十分便利。村辖区面积10.4千米²，辖12个村民小组，共1006户2977人，耕地4212.6亩，林地10714亩，园地1351亩。传统农业以粮食、蔬菜为主，还种植有茶藤椒、柑橘等经济作物。

川王村立足村的自然生态环境好、民营企业家群体力量强、特色产业潜力大的比较优势，积极探索"党建引领，政府主导，农民主体，社会力量参与，专业团队操盘"模式，引入专业策划、专业操盘和乡村运管孵化团队开展村的项目策划、操盘、运管，以四大中心（川王村文化休闲中心、蜜蜂研学中心、美食体验中心、休假度假中心）建设为重点，打造集运动、美食、研学、乡居为一体的邛崃市乡村振兴城乡融合创新发展的示范村。

川王村值得总结的经验是：一是民营企业家参与协助当地架桥修路等，助推乡村集体经济发展。二是定位准确。川王村以蜜蜂产业为特色，打造一村一品，推出川王蜜蜂酒、唇膏、面膜等一系列产品，发挥产业振兴的关键作用。三是机制创新。村投公司成立3年内，设"民营企业股＋集体股＋公益股＋村民股"的股权结构，为入股的村民执行保底分红制度。三年后，村民可第二次选择退出还是积极参与，若继续参与，则不再保底。以此带动当地发展市场经济，保障农民主体地位。

川王村蜜蜂谷

37.

楠木溪的价值是什么？

回答：

在地农民群体创业。

阐释：

楠木溪位于成都邛崃市天台山镇高兴村，是一条长约 4 千米的狭长河谷。其上游地处海拔 2000 多米的新山，下游是农家乐、民宿聚集区。在天台山镇推动乡村振兴之际，楠木溪 23 户农民，家家在地创业，包括乡村关键人村支部书记陈茂华、乡村旅游带头人王静池等。

在发展产业的过程中，当地也遇到了各种问题。

2022 年年初高兴村党委召开了党员群众议事会，村民们为村庄发展纷纷提出自己的想法：

"我觉得楠木溪民宿虽然这些年有了很大发展，但是整体发展思维还停留在十年前，低价吸引订单，我在其他地方民宿参观学习，别人都是拧成一股绳打造区域品牌，有特色、有服务，有很多回头客。"

"咱们红色文化资源这么丰富，去年我去韶山参观，他们整个村子人人都能做解说员，我觉得咱们高兴村缺少能够为大家培训的专家，以后我们红色旅游这块要做大，得把大家的力量都凝聚起来才行……"

后来，村民自发形成楠木溪民宿协会，每家业主根据自己经营的民宿床位的数量，按照每个床位 100 元/年给予会费，协会协助成员处理各种公共事务，引入链接优质旅游资源，充分发挥了楠木溪红色文化资源及临溪场景的消费潜力。

38.

五星村的价值是什么？

回答：

好的带头人和大力发展庭院经济。

阐释：

五星村位于白头镇南面，东、西方向分别与崇州市崇阳镇、隆兴镇接壤，北面紧邻成温邛高速公路，交通便利；辖区面积 4950 亩，人口 3066 人，劳动力 1534 人，农户 873 户，耕地 2574 亩，下辖 26 个村民小组。现在的五星村由安定村和五星村于 2005 年合并而成。

2020 年 4 月，五星村被命名为 2019 年度四川省实施乡村振兴战略工作示范村；2020 年 6 月 10 日，五星村入选 2020 年四川省乡村旅游重点村；2020 年 8 月 26 日，入选第二批全国乡村旅游重点村名单；2021 年 4 月，被四川省委城乡基层治理委员会评为"四川省首批乡村治理示范村镇"；2021 年 11 月 12 日，入选农业农村部办公厅公布的 2010—2017 年中国美丽休闲乡村监测合格名单。

五星村的最大价值是好的带头人和大力发展庭院经济。崇州市白头镇五星村的高志伟是能人返乡带领全村致富奔小康的典型。

2015 年春节回家时，高志伟发现村里仅有的几家农家乐还停留在传统经营模式上，家乡农业优势资源并没有真正转化为可持续致富的产业，不能从根本上为农民带来经济效益。此时，高志伟回乡创业的念头更加强烈了。后来镇领导也多次为他讲解回乡创业的政策和家乡发展的规划，让高志伟坚定了想法。

2017 年，高志伟毅然辞职回到五星村，一头扎进了创业热潮中。高志伟回村后的第一件事，就是在大田边打造了集住宿、餐馆、休闲于一体的乡村酒店，并组建团队开发了当时不多见的团建和研学项目，把传统的农家乐提升为"星级乡村消费场景"，大力发展庭院经济。

2018 年，在白头镇党委推荐和党员群众的支持下，高志伟当选为五星村支部书记。在他的带动之下，返乡创业的村民越来越多。2022 年，五星村新老村民投建的民宿达到 70 余家，村集体经济积累资产 3000 多万元。全村 3000 多名村民中，在本地创业就业的就有 1186 人。

五星村的消费场景也渐渐玩出了新高度，如稻田咖啡、"躺在民宿看风吹稻浪"都火出圈。在五星村"十万亩粮食高产稳产高效综合示范基地"的油菜花海之中，就着春天涮火锅，更成为成都人的"必打卡"体验项目。

如今在五星村，春天有盛开的油菜花，秋天有翻涌的稻穗海，地里种的是品质深受市场欢迎的竹香米、稻虾米，火锅底料、预包装食品、精酿米酒等食品产业也在兴起。

崇州五星村俯瞰图

39.

高兴村的价值是什么？

回答：

红色文化＋绿色发展＋机制创新。

阐释：

天台山镇高兴村西接雅安，毗邻 4A 级景区天台山，辖区面积 16.25 千米²，2022 年获批全国红色美丽村庄建设试点，辖区内有红军长征纪念馆、四川红军长征数字展示馆（全国首批 11 个长征文化展示馆重点场馆之一）、四川长征干部学院总部邛崃教学点。

高兴村的价值是在"红色文化＋绿色发展"的基础上，突出机制创新，走出

高兴村四川红军长征数字展示馆

一条"红色引领、绿色发展、机制创新"的发展之路。

为了链接各方利益，高兴村在第三方策划机构的协助下提出了"村集体＋地方政府融资平台公司＋民营企业＋村民"的四方经济联合体创新机制，红色引领，绿色发展，推动当地连片振兴。

（1）四方经济联合体架构

村集体、地方政府融资平台公司、民营企业、村民各占约四分之一股权。村集体入股可以资金＋实物形式，也可以认缴，属于资格权，是村民主体和村民利益的具体体现（村集体依托政府支持资金投资资产折资入股，5 年认缴期）。地方政府融资平台公司以资金入股。民营企业是协同主体，必须现金实缴。村民个体是自然主体，除在集体享有的份额外，允许先富先行、投资入股，但必须现金实缴。

（2）经营范围

乡村文化旅游服务、展览展示活动服务、策划创意服务、会议庆典服务、餐饮住宿服务、研学培训服务、文旅产业咨询服务、文化体育活动服务、文化旅游产品生产销售、农林产品生产销售、房地产开发、观光旅游服务、食品经营、游览景区管理、农业专业及辅助性活动、组织文化艺术交流活动、承办展览展示活动、体验式拓展活动及策划、导游服务、酒店管理服务、园区管理服务、大数据运营等。

（3）人员架构

"四方经济联合体"党支部书记由镇党委推荐，地方政府融资平台公司派人担任董事长，民营企业派人担任 CEO，村集体选取代表担任董事及监事。

（4）具体业务

在镇党委、镇政府的领导下，四方经济联合体充分挖掘长征精神、解放战役精神、玉溪河精神、抗震救灾精神的时代价值，串联打造党性和爱国主义教育、绿色低碳发展实践、低海拔山地运动、玉溪河文化"四大基地"，推动与天台山景区连片发展。另外，还推出星火传承茶、川康酒等旅游伴手礼，动员指导农户经营性改造10户，带动50余户新老村民在地创业。2023年当地累计接待各类培训、活动10万余人次，集体收入增长59.2万元。

40.

海窝子的价值是什么？

回答：

"镇村一体化"乡村振兴模式。

阐释：

海窝子古镇（社区）位于彭州市通济镇，古称"瞿上"，是古蜀王国的开国中心之一，与三星堆、金沙遗址一脉同源。古街背靠龙怀山，依湔江河谷而建，街道全长1500米，占地面积0.75千米^2，建筑物极具明清时代川西民居风格，2011年被评为成都市历史文化名镇，2017年被评为成都市特色商业街区，2023年获评

海窝子古镇金牌坊

四川省文化和旅游厅颁发的"2023非遗与旅游融合优秀案例"。

2024年，海窝子古镇引入第三方机构，确定"镇村一体化"乡村振兴模式：一是示范村（社区）建设。通过操盘团队驻场服务的形式，重点打造海窝子示范社区。二是确定通济镇的龙怀村、花溪村两个村为提升村，以乡村振兴三人指导小组（乡村振兴指导员、乡村建设指导员和乡村运营指导员）的服务形式，定期下村指导。三是针对通济镇其余的九个村（社区），以乡创服务站定点服务的形式，提供咨询服务。通过以上三步，实现通济镇全域乡村振兴服务的覆盖。

41.

乡创实践中最应该记住的一句话是什么？

回答：

技术不是问题，系统才是关键。

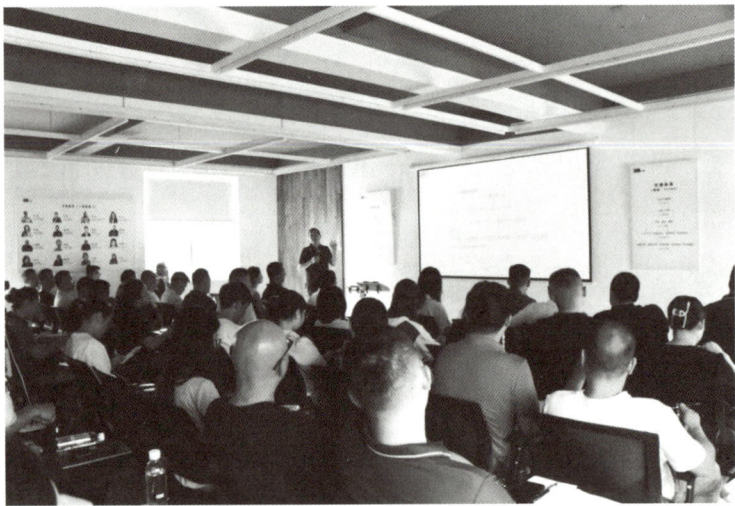

海窝子发展十问讲座

阐释：

很多乡创一线实践者容易陷入过度的技术思维，试图用技术解决乡村发展所有难题，然而乡村振兴是复杂的综合性问题，不将乡村发展、乡村建设、乡村治理、乡村运营放在一个系统中通盘考虑，就会在实践中遇见各种各样的麻烦，也只有在系统统筹下，技术才能充分发挥自身的作用，而不会受到外界因素的干扰。

42.

乡创体系的核心要素是什么？

回答：

人-系统-机制。

郫都区农产品供应链协会成立大会

阐释：

乡创实践的三大核心要素是人、系统、机制。

人：乡创的开展要充分考虑村民、村集体、乡村民营企业家、合作社、开发商、地方及上级政府等参与主体的发展诉求。同时，乡村振兴需要重点关注三个"人"，即县委书记、镇党委书记、村支部书记。我们称之为"三个关键人"，其中不可忽视的是处于最基层，也是最前线的村支部书记。"村管村，户管户，社员群众看干部"，乡创实践要深入一线必须与村支部书记加强沟通交流。

系统：乡村的复杂性注定了乡创应有系统性理念，乡村涉及政治、经济、文化、社会、生态等各方面，必须兼顾农业、农村、农民的均衡可持续发展，重视农民及乡村建设参与者的利益诉求。

机制：乡村振兴没有适合的机制会寸步难行。乡村振兴项目决策组、执行机构、现场负责人、联席会制度都很重要。所有的矛盾纠纷、利益冲突，几乎都是机制不完善引发的问题，机制就是"保障"。

43.

什么是乡村振兴中的"双轮驱动"？

回答：

市民下乡＋在地创业。

明月村村民乡村旅游创业项目一览表

序号	项目名称	业态	业主	备注
1	锦林苑	手工茶、餐饮	罗国锦	营业
2	周瑜农家乐	餐饮	周瑜	营业
3	谌家院子	餐饮	吴俊江	营业
4	豆花饭	餐饮	杨安民	营业
5	竹苑人家	餐饮	王光良	营业
6	门前椿宿	餐饮、住宿	罗凯	营业(返村大学生)
7	俞明堂	陶艺体验、书法教学	张学勇	营业
8	月溪客栈	客栈	胡志文	营业
9	兄弟农庄	餐饮、陶艺和采摘体验	张宇文	营业
10	明月山房	餐饮、染布体验	张光利	营业(返村创业)
11	张家客栈	客栈	张军	营业
12	岚染工坊	蓝染体验、设计制作	彭双英	营业(返村创业)
13	青黛染坊	蓝染体验、设计制作	罗丹	营业(返村大学生)
14	明月天成果园	生态农业、水果采摘	江维	营业(返村大学生)
15	曹氏葡萄园	葡萄采摘、餐饮	曹秀珍	营业(返村创业)
16	张冲的院子	餐饮、住宿	张家勋	营业(返村创业)
17	山涧竹苑	餐饮	高义	营业(返村创业)
18	朗月	餐饮、住宿	张云峰	营业(返村创业)
19	明月楠溪	餐饮、住宿	张亚军	营业(返村创业)
20	竹里拾家	住宿、农事体验	杨彦菱	营业(返村创业)
21	龚家大院	餐饮、住宿	龚久奇	营业(返村创业)
22	珍吾居	住宿、农事体验	张莉	营业(返村创业)
23	明玥里陶艺	陶艺体验	高阳	营业(返村大学生)
24	刘氏陶艺	陶艺、植物染、农事体验	田金蓉	营业(返村创业)
25	言午兮	民宿	许龙凯	营业(返村创业)
26	羽毛球馆	羽毛球培训、运动空间	杨行	营业(返村大学生)
27	原野之森	营地、团建、住宿	高原	营业(返村大学生)
28	沁山居	民宿、餐饮	徐世琼	营业(返村创业)
29	唐园	餐饮	唐德祥	营业(返村创业)

注：明月村在地创业表，截至2024年6月底，共29个项目。

明月村引进项目一览表

序号	项目名称	项目内容	进度
（一）林盘院落改造项目			
1	蜀山小筑	蜀山窑陶瓷艺术博物馆陶艺交流创作	投入运营
2	蜀山窑工坊	蜀山窑技术研发、产品生产、陶艺培训	投入运营
3	素舍	乡村设计师沙龙、民宿	投入运营
4	明月火堂	四川火锅餐厅	投入运营
5	明月轩篆刻艺术博物馆	展厅、篆刻保护和传承	投入运营
6	三加二荟客栈	油画主题民宿	投入运营
7	三木三舍	手工木作工坊	投入运营
8	火痕柴窑工坊	柴窑研究、传承、展览	投入运营
9	翩翩小院	传统文化、服装、茶	投入运营
10	闲余	民宿	投入运营
11	朴园	民宿	投入运营
12	锦印蓝染	植物染体验	投入运营
13	音乐房子	音乐酒吧、演出	投入运营
14	想见民宿	民宿	投入运营
15	无名简居	民宿、咖啡	投入运营
16	邂逅别舍	民宿、餐饮	投入运营
17	不忙居	民宿	投入运营
18	平静月	民宿	投入运营
19	指月山房	禅茶	投入运营
20	谧野·明月里	汤池酒店、餐饮	投入运营
21	敬岳堂	传统文化教学	投入运营
22	驻色	草木染工作室	投入运营
23	晤里	民宿	投入运营
24	云章乡居	书画展示、传承、活动，主题民宿	投入运营
（二）核心区陶艺手工艺文创园区项目			**计划完工时间**
25	梦里香洲	古窑保护、参观、陶艺体验、禅茶	在建
26	明庭	自然保护与农耕示范、农夫市集与大地厨房、自然学校与农耕学苑	投入运营
27	鹿熙	设计及建筑工作室、设计型酒店，陶艺展示、概念茶室	在建
28	明月剧场	集市、会议室、展览厅、剧场	规划中
29	有朵云咖啡	艺术展厅、创作工作室、花艺房、咖啡馆	投入运营
30	呆住堂艺术酒店	文创工作室、艺术酒店	投入运营
31	馀光堂	花艺工作室、燕来华服设计工作室	在建
32	樱园	艺术展厅、餐厅及配套	投入运营
33	篱下	画廊、手工文创工作室	在建
34	结庐	设计工作室、民宿	规划中
35	善本学堂	国学、艺术乐教培训教室、展厅、艺术主题书馆、民宿	投入运营
36	乡香明月坊	酒店、SPA、慢生活方式体验馆	规划中
37	远家	制衣体验空间、创作工作室、染织制衣博物馆	投入运营
38	晓得	酒店、餐饮	投入运营
注：明月村新村民项目，截至2024年6月底，投入运营31个项目，在建及规划中7个项目。			

阐释：

市民下乡：对于促进乡村经济发展、社会流动、资源优化配置、创新活力提升及城乡融合发展等方面都具有重要意义，是推动乡村振兴战略实施的有效途径之一。

在地创业：在地创业是乡村发展、乡村建设、乡村治理和乡村运营的根本力量和重要保障，是促进乡村可持续发展的重要方法。

44.

策划与规划是什么关系？

回答：

研究性策划＋乡村规划（有效性与合规性相结合）。

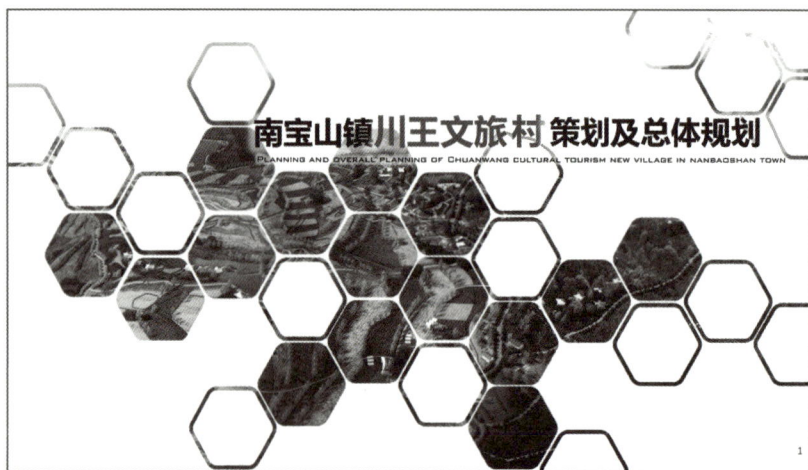

川王文旅村策划及总体规划

阐释：

研究性策划：针对实际问题，以有效性为追求目标的实用性策划，结构为"问题研究方案＋技术落地方案＋行动实施方案"，可以为乡村规划提供参考资料。

乡村规划：指导乡村发展和建设的基本依据。所有个人建筑不得在规划区以外或建设用地以外随意建设，不得在基础设施不健全的拆迁区内建设，实施坑塘规划建设，控制农业污染，是社会、经济、科技等长期发展的总体部署。

45.

乡村振兴一线需要重点关注哪"三个人"?

回答:

村支部书记、集体经济负责人、运营师。

阐释:

乡村需要"三个人"。村支部书记是乡村全面振兴的掌舵人,集体经济负责人是为村民挣钱的人,运营师是对接市场,体现市场在资源要素配置中起决定作用的人。我们称之为在宜居宜业和美乡村建设中的基层"关键人"和"重点人",抓住"三个人",带动"一班人",激活"一个村",富裕农民和村集体。

46.

为什么说"公益 + 乡创"是标配?

回答:

公益少儿读书荟

乡村是一个社会，是一个系统，既有政治性，也有社会性和经济性。因此，"公益"先行，开展少儿活动、农民夜校等社区营造活动，有助于加强与村民群众的联系，体会村民需求，为后续乡村振兴项目的铺开及群众参与打下基础。从这个角度来说，"公益＋乡创"是标配不为过。

47.

为什么把"示范、陪伴、孵化"说成是三大实践？

乡村需要"示范、陪伴、孵化"

回答：

社会企业为乡村赋能需要激活乡村的内生动力，需要注重农民作为主体的利益，不与当地争利，经探索、实践、总结，可采取以下良好模式，即三阶段模式，也可以称之为"三大实践"。

一是示范，你不会做，我做示范，做给你看；

二是陪伴，你愿意做，我做陪伴，共同参与；

三是孵化，你学会后，我退出来，完成孵化。

因此，肩负社会责任的社会组织、社会企业等社会力量进入乡村，更容易实现"三大实践"。

48.

为什么在乡村建设中强调"新则新之，旧则旧之"？

回答：

在乡村建设中，既不应当大拆大建，也不应追求一味仿古。对于旧有的文化建筑或者点位，最好采取保护的措施，留住乡愁；对于准备新建的区域，要因地制宜，拓展思路，以创新性打造主题场景。

安仁古镇刘氏庄园

"新则新之，旧则旧之"在实践中很重要，属于切实可靠的经验之谈。

49.

如何看待乡村民宿和旅游？

回答：

民宿的本义是宿于民家，由民建设，由民经营。

随着时代的发展，民宿衍生为一种产品，投资和经营主体不再局限于当地。

大邑县锦府驿民宿

乡村需要民宿，当民居变成民宿，房屋便产生了经营价值。进一步，还诞生了比如农家乐等经营形式，一二三产业都可以融合其中，国家行政学院张孝德教授称农家乐为中国农民的"伟大创举"。

关于乡村旅游，这是乡村产业振兴的重要组成部分，适合位于大城市郊区的乡村，但不是每个乡村都适合发展旅游业，即使是适合发展旅游业的乡村，也建议拓展旅游业的规划，发展成旅居，再打造乡居新业态，最后逐渐构建成新型共益社区，形成宜居宜业的新场景。

对于乡村，民宿是旅游业的一种产品，旅游业是产业振兴的一个产业，乡村振兴本质上是产业、文化、生态、人才和组织的全面振兴。

50.

如何实现城乡融合？

回答：

城乡融合需要"双向奔赴"。市民下乡需要的是：

一个"巢"——生态宜居宜业的乡村；

一个"潮"——文化时尚的乡村。

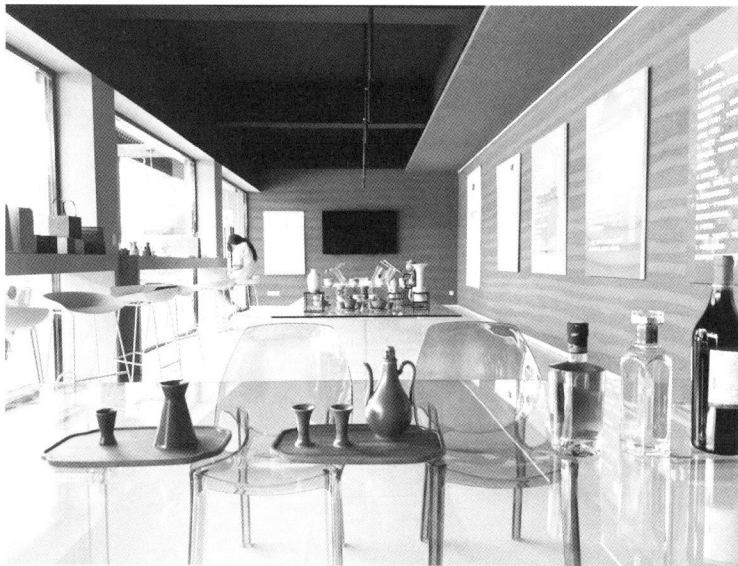

展示农产品的超市

对于农民与农产品进城，需要的是：

一个超市——农产品进得去；

一个交通——城乡自由切换。

五、关于新职业

51.

如何培养乡村振兴高技能人才？

回答：

2024 年 8 月，《职业》杂志刊登了四川省人力资源社会保障厅李桢的文章《培育"天府新农人" 织绘乡村美画卷》。这篇文章较为全面地回答了此问题。

乡村要全面振兴，人才振兴是基石，人才培训是关键，人才体系是保障。这篇文章从农业工业化、农村城镇化和农民职业化出发；从现代农业、乡村旅游、乡村建设和农村新型电商四大领域考虑，打造"天府新农人"品牌，推出"6＋1"高技能人才体系（即：农业技术指导员、农业机械指导员、返乡创业指导员、农旅融合指导员、乡村建设指导员、农村电商指导员及农村电商主播）。这是助力乡村全面振兴的高技能乡村实用人才，必将在宜居宜业和美乡村建设中发挥重要作用。

52.

对"6 + 1"高技能人才体系怎么理解呢？

回答：

从乡村发展来看，可归纳四项，分别是农业技术指导员、农业机械指导员、返乡创业指导员和农旅融合指导员；从乡村建设来看，有一项，是乡村建设指导员；从乡村运营来看，可以认为是两项，乡村电商指导员和乡村电商主播。

53.

农业技术指导员和农业机械指导员这两类人才专业性很强，是否需要专门培训？

回答：

针对相关人才，除了大学培养和社会的职业培训以外，当地需要组织专门的技能培训。

54.

返乡创业指导员需要掌握哪些技能？

回答：

需要对本地资源、特色产业和"土特产"有充分认知，能帮助村庄在以农为本的基础上，选择重点发展的产业。除了具备理论知识外，返乡创业指导员应当拥有在市场上经营获利的经验。

55.

农旅融合指导员需要做什么？

回答：

农旅融合指导员应以"农业＋文旅"融合发展为路径，突出以农业农村为本底，以农耕文化等乡村传统文化为切入点，在非物质文化遗产、农事体验、特色农产品、微旅游、微度假等方面发力，促进当地产业振兴、文化振兴。

56.

如何理解乡村建设指导员？

回答：

乡村振兴，一线实践中很需要乡村建设指导员。现今，乡村的规划与建设、改造与提升任务较重，非常需要有乡村建设指导员驻场指导，以免误入大拆大建、大搞形象工程的"坑"。倡导"针灸式、微改造、在地化和做精品"。有的乡村建设指导员每月多达 10 天，每年不低于 100 天驻场指导，深受镇村喜爱。由于乡村"工匠"熟悉当地情况，因此适合作为乡村建设指导员培养对象。

57.

农村电商指导员能发挥什么作用？

回答：

农村电商是适应时代潮流的新方向。随着行业进步，阿里巴巴、京东等大企业直接在乡村开设服务点位。农村电商指导员应有作为直播的实践经验，能发掘产品的卖点，与观众积极沟通，这种新型职业对打通城乡、畅通物流有积极作用。

58.

"6＋1"高技能人才体系中没有设置乡村振兴指导员，如何解释？

回答：

"6＋1"是从高技能乡村实用人才角度来考虑的。每一类人才对应一项技能，着力解决一个方面问题。而乡村振兴指导员是从全局出发考虑问题的，并不局限于一种技能，而是基于乡村振兴政策、乡村振兴总体要求、乡村五大振兴、宜居宜业和美乡村和浙江"千万工程"的成功实践，来指导乡村规划、乡村建设、乡村治理和乡村运营。

59.

从系统出发，"6＋1"高技能人才体系还会再补充吗？

回答：

从实践出发，乡村振兴的闭环系统可以理解为"乡村发展、乡村建设、乡村治理和乡村运营"。"6＋1"高技能人才体系比较偏重乡村发展、乡村建设和乡村治理急需人才设置，而针对乡村运营的专门化人才还未有设置。现在"乡村运营"这一概念和理念，广为各级政府、企业和人们所接受。因此，笔者认为，在"6＋1"高技能人才体系基础上，会根据实际需要研发和增加新内容。比如设置社区营造指导员，将使乡村治理与乡村营造达到有效衔接；比如设置乡村运营指导员，把现有"农村电商指导员和农村电商主播"纳入其中，可能应用范围更宽泛。

60.

"6＋1"高技能人才体系与天府新农人有什么区别?

回答:

6＋1高技能人才体系是指专门化、专业化技能人才体系,而天府新农人是指"天府新农人"这一全方位、系统性品牌的建设,其内容不仅包含各种实用人才的打造,还包括给实用人才提供实践项目、出台系列配套政策、搭建对接服务平台、提供政策性金融工具等。

下篇：

案 例 实 操

一、案例背景介绍

1.

彭州市百里画廊

2024 年 1 月 11 日，彭州市委印发了《关于加快推进城乡融合发展　彰显彭派百里画廊的实施意见》，从中期、远期对百里画廊建设进行了系统部署。

百里画廊以成彭高速、九高路为起点，经金彭东路、金彭西路、彭白路一直延伸到龙门山，长约 60 千米、面积超 100 千米^2。这条城市廊道共分为 3 段：即从濛阳到天彭主城的"双城段"、从天彭到丹景山的"人文段"、从丹景山到龙门

百里画廊示意图

山的"河谷段",不仅连通了山与城、贯通城与乡,还囊括了彭州几乎所有的产业园区、景区景点和特色文化区,未来将成为整个彭州的文化体验廊、产业创新廊和城乡融合示范廊。

总体规划就是紧盯人流倍增、消费翻番、能级提升三大目标,不断强化区域融合、产业融合、功能融合,针对性地聚人、聚产业、聚创新,最终实现"产业融城、山水入城、文旅沿山、服务进山"。

2.

海窝子古镇

海窝子古镇(社区)位于彭州市通济镇,是百里画廊上的关键节点,是这条走廊助力乡村振兴的落脚点之一。

依山傍水的海窝子古镇

3.

乡村振兴指导员

2024年4月，中国乡村发展基金会乡村研究院专家委员、四川省文化和旅游标准化委员会委员、成都宜居宜业和美乡村建设首批特聘专家徐耘受聘为彭州市"彭派主理人"，并以乡村振兴指导员的身份参与海窝子乡村振兴镇村一体化发展指导工作。

乡村振兴指导员徐耘认为：

（1）乡村振兴是个系统工程，全面乡村振兴才是真正的乡村振兴。单一项目，单一产品，单一产业都难于支撑起全面乡村振兴。

（2）乡村振兴需要指导，除专业上的指导外，需要全面和系统的指导。这就是乡村振兴指导员的作用和价值。

（3）乡村振兴指导员与乡村振兴产业指导员、建设指导员等专业指导员相结合，就能在系统规划上有安排和在专业上有突破。

乡村振兴指导员徐耘

二、方向性指导

1.

方向讨论：在务虚座谈会上的发言提纲

2024 年 2 月 19 日，彭州市委召开了"关于海窝子未来发展方向"的务虚会议，听取了乡村振兴指导员兼彭派主理人徐耘的意见，了解了策划团队的看法。

（1）超级整理

①由头（大背景）

- 乡村振兴
- 三星堆遗址-金沙遗址-联合申遗
- 湔江河谷百里画卷
- 海窝子是重要驿站

②基础

- 区位（适中且承上启下）
- 交通（通达便捷）
- 吃住（足够满足）
- 文化（古蜀之源）

- 公共空间（三大广场一个寺庙*）

③空间（可进入）

- 公共空间（3个广场）

- 可控资源（4处）

- 可拓区域（相连的乡村）

- 靠山近水

④机会（可创新）

- 社会力量与市场规律**

（2）导入观点

①海窝子定位提升：从非物质文化遗产到古蜀之源。

海窝子古镇瞿上广场古蜀演艺活动

②范围拓展：从古镇到乡村到户外山水。

③海窝子激活：数字广场剧-夜游海窝子-龙怀共益社区-山水间的古蜀之源。

④海窝子创新：联农带农（乡村经济联合体）。

（3）重构系统

①组织领导：市/镇/村等，有组织有领导。

②投资主体有地方政府融资平台公司或镇，有市场主体。

③策划操盘与运营一体化。

---

* 三大广场分别为"梨园广场""瞿上广场""戏窝子广场"，一个寺庙为"佛林寺"。

** 制定政策鼓励机构与市民下乡。

④机制创建：景村合一，镇村一体，以市场为导向的海窝子乡村经济联合体。

（4）行动计划

①科创文旅计划：广场赋能＋沉浸夜游＋特色店铺。

②古蜀寻源计划：小型论坛＋小型数字馆＋户外寻源。

③共益社区计划：N 个产品‒6 大场景*‒1 个旅居社区*‒1 个机制。

④示范‒陪伴‒孵化。

（5）工作建议

①启动研究性策划。

②战略性资源控制和研究确定实施项目。

③乡村运营提前介入。

④时限控制：一年成型，二年成事，三年成熟。

2.

关于方向讨论的关键点（注解）

（1）关于超级整理

超级整理是乡村振兴指导员的基本功。主要是政策整理、"情势"整理、资源整理等。所谓政策整理，要对接乡村振兴战略；所谓"情势"整理，要对接三星堆遗址‒金沙遗址联合申遗；所谓资源整理，要研究区位、交通、产业、人文等，为下步研究、策划和规划工作做准备。

（2）关于导入观点

梳理资源并进行重要性排序，发现价值，找到切入点，找到思路，为定位、突破和重构做准备。这是关键环节。

（3）关于系统重构

人、系统、机制是核心要素。

---

* 6 大场景："读书荟""创客服务站""乡创无界非典型超市""乡村大食堂""乡居小院""乡创学堂"。1 个旅居社区：盘活农村集体建设用地，由村集体打造川西民居小院特色的旅居社区，让市民下乡、联合下居，共享度假，共建共益社区。

（4）关于行动计划

在行动计划中，项目安排的顺序很重要。一般顺序是：基础设施项目（政府负责）、公共服务项目（政府负责）、示范项目（民办公助）和市场化项目。即政府项目先动起来，让群众、企业和社会看得见，让大家有信心；示范项目跟进，通过"民办公助"给予支持；最后市场化项目跟进的可能性很大。

海窝子基础设施颇好，其主要问题是：

如何"激活"，如科技文旅；

如何"表达"，如古蜀之源；

如何建"机制"，如镇村一体化；

如何做"场景"，如共益社区、文化空间、服务空间、新业态空间等。

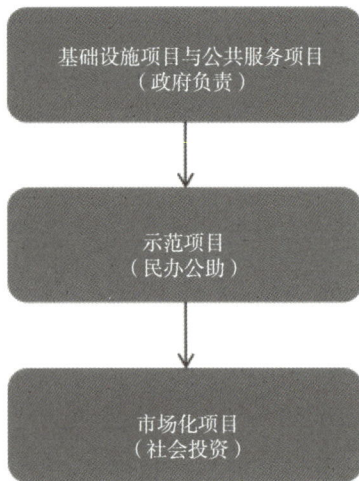

基础设施项目与公共服务项目
（政府负责）

↓

示范项目
（民办公助）

↓

市场化项目
（社会投资）

顺序影响投资信心

3.

策划指导：在"海窝子研究性策划方案讨论会"上的发言提纲

针对研究性策划的方向与重点，乡村振兴指导员兼彭派主理人徐耘在彭州市政府与策划单位对接中，作为第三方独立提出指导性和参考性意见。

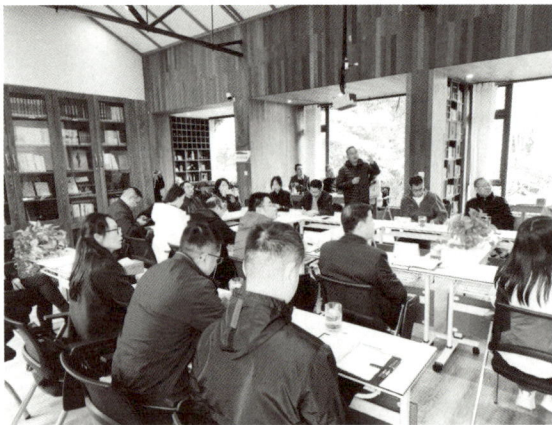

研究性策划方案讨论会

（1）关于方案

①重点：彭州市相关部门、镇村、策划单位等对研究性策划方案达成共识。

②价值：策划-操盘-运营一体化思维。

③结构：问题研究方案＋技术落地方案＋行动实施方案。

（2）关于廊道

彭派城-湔江河谷-山里乡村。

①战略意义：乡村振兴走廊和城乡融合走廊。

②产业意义：农商文旅体艺产业融合走廊。

③美学意义：成都公园城市乡村表达的百里画廊。

（3）关于海窝子

①演绎：海窝子（古蜀）-戏窝子（古镇）-水窝子（自然）-山窝子（未来）。

②定位：古蜀之源海窝子（戏窝子、水窝子、山窝子）。

（4）关于空间

拓展海窝子空间，乡镇一体，走近自然，多功能发展，建设和美乡村。

狮子山（点亮）-海窝子（激活）-龙怀村（"巢"与"潮"）-龙怀山（户外运动与社区）。

（5）关于昼夜

①白天：泛戏主题（曲艺电影）、户外运动、特色美食、共益社区（乡创品牌植入乡村）。

海窝子古镇特色美食众多

②夜晚：视觉科技文旅＋小品曲艺＋特色民宿集群。

（6）关于机制创新

①海窝子：示范、陪伴、孵化工作法（培育出一支在地运营团队后退出）。

②龙怀村："三带一承担"乡村运营工作法（带一支团队、带运营经费、带出一支团队，独立承担运营风险；投资方与乡村共享利益）。

4.

关于策划指导的关键点（注解）

（1）关于"百里画廊"

"百里画廊"是宣传用语或者是形象定位，但我们希望这条连接城市、集镇、乡村、河谷、景区的走廊，在战略上定位是乡村振兴走廊，在发展上定位是城乡融合走廊，在产业上定位是农商文旅体艺产业融合走廊。

（2）关于海窝子古镇

海窝子进一步演绎为"三窝子"：山窝子（历史文化与乡村产业）、戏窝子（川戏之乡和文化艺术）、水窝子（集镇见水和溯溪玩水）。

这个定位演绎可为项目准备和项目落地提供抓手。

（3）关于空间

古镇-乡村-山谷里。

来到古镇，走出古镇，走进乡村，走进山里。"破圈"突围，镇村一体，以镇带村，协调发展。

（4）关于机制

针对乡村运营这个痛点，引入社会企业以"三带一承担"模式（带一支运营队伍来、带着运营经费来、带出一支在地队伍来，独立承担经营风险，投资方与村集体共享利益）孵化出乡村运营人才和队伍。

5.

《彭州市通济镇海窝子镇村一体化乡村振兴项目研究性策划》文案形成

问题研究与解决方案

一、政策依据

• 坚持农业农村优先发展，坚持城乡融合发展，畅通城乡要素流动。加快建设农业强国，扎实推动乡村产业、人才、文化、生态、组织振兴。

——二十大报告

• 建设一批产业强镇、文旅强镇和商贸强镇，促进农村劳动力就地就近就业创业。

——中共四川省委十二届四次全体会议

• 推进以县城和中心镇为重点的新型城镇化，因地制宜发展绿色制造、文化旅游、现代农业等特色经济。

——中共成都市委第十四次代表大会报告

• 聚力以百里画廊为牵引推动城乡融合发展、以提质倍增为目标推进制造强市、以营商环境为重点优化发展生态、以增强综合功能为导向扩大城市影响、以增进民生福祉为追求丰富彭派生活内涵，加快打造"一城四地一枢纽"，建好"六个彭州"。

——彭州市第十九届人民代表大会第四次会议

二、项目背景

• 国家乡村振兴战略实施

• 三星堆遗址-金沙遗址联合申遗

• 彭州湔江河谷百里画廊建设

• 海窝子提升

三、情况梳理

1. 区位交通

海窝子位于成都北郊、彭州西北部，距成都约 60 千米，车程 70 分钟；距双流机场约 90 千米，车程 80 分钟；距天府机场约 130 千米，车程 100 分钟；距彭州市区约 20 千米；距三星堆博物馆约 50 千米；距金沙遗址博物馆约 60 千米。

主要交通要道为彭白路，距成都"三绕"高速丹景山互通 8 千米，10 分钟车程。成汶高速、成彭快速路、湔三旅游通道等项目工作正加速推进。

2. 上位规划

• 《彭州市国土空间总体规划》

通济镇为彭州西北部山区中心镇。海窝子为中心村，位于重点生态功能区、龙门山湔江河谷生态旅游区。

• 《彭州市百里画廊规划设计》

海窝子，彭州市古蜀文化博览片区，以蜀源文化传承、展示、生态旅游等为核心功能。

3. 历史文化

• 彭州是古蜀文化从山区到平原的源头分界。历史悠久，素有"天府金盆""蜀汉名区"之美誉，有古蜀、白瓷、牡丹等独具特色的文化符号。

• 海窝子为古蜀王国的开国中心之一，著名历史学家童恩正认为：海窝子即古史中所说的"瞿上"。

• 海窝子古镇始建于清乾隆五十五年（公元 1790 年），距今有二百多年历史，是成都历史文化名镇。古蜀瞿上文化、非遗文化、川剧文化浓郁。

• 初唐四杰之一王勃与《彭州九陇县龙怀寺碑》，龙怀寺遗址。

4. 特色产业

• 川剧、非遗文化有基础（未转化）

• 旅游服务有一定规模（餐饮 120 家，住宿 9 家）

• 土特产（豆豉、麻饼、卤鹅）

• 手工艺（制陶、木雕）

• 特色门店（熊猫邮局、瞿上集、湔江印象美术馆等）

5. 土地和物等资源

- 广场：5 处，面积 5300 米²

- 停车场：6 处，车位 1040 个

- 闲置房屋：海窝子 8 处，建筑面积 1743 米²；龙怀村 2 处，建筑面积 430 米²

- 集体建设用地：26680 米²（海泉乐园）

四、导入观点

1. 系统思维，镇村一体，振兴乡村

- 资源要素整合

- 古街、村庄、山水联动

- 联农带农，机制创新

2. 突出特色，以文塑旅，融合发展

- 古蜀文化

- 景村一体

- 农商文旅体艺融合

3. 解决方案

- 跳出古镇，村镇联动，镇村一体

古镇与村庄相互赋能、互利共生。

- 拓展空间，谋划区域连片发展

古镇老街（古蜀文化体验、市井生活）；

龙怀山、狮子山（山地户外运动）；

龙怀、中河、阳平（和美乡村）。

- 融入百里画廊，突出海窝子特色，率先成为亮点

海窝子是百里画廊的重要节点，历史文化与现代生活的"共生"之地。

- 盘活存量资产，依托山水与文化资源，发展文创旅居康养新产业新业态

公共空间（广场、街道）、闲置物业、集体建设用地。

- 陪伴运营，示范引领，联农带农，实现共同富裕

海窝子毗邻龙怀山与狮子山

探索孵化在地团队，示范带动镇村一体化发展的乡村运营新模式。以机制创新实现联农带农，共同富裕。

五、重构系统

1. 总体思路

· 基本思路

以镇带村，镇村一体，走出一条在地城镇化乡村振兴之路。

· 两条路径

白天＋夜晚，全天候游览体验海窝子。

拓展空间，从古镇到乡村到户外山水。

· 三大板块

老街古蜀文化体验板块；

龙怀和美乡村板块；

龙怀山轻户外山地运动板块。

2. 白天＋夜晚

白天：公共艺术、轻户外山地运动、演艺、乡村生活、文化点位、新消费场景。

夜晚：夜游海窝子、演艺、光影秀、夜间消费场景。

3. 拓展空间

- 乡村：机构下乡、在地创业
- 山水：轻户外山地运动

4. 三大定位

- 发展定位：四川省镇村一体化乡村振兴示范片区
- 产业定位：发展文化旅游、户外山地运动、旅居康养产业
- 形象定位：古蜀源·海窝子（戏窝子·水窝子·山窝子）

5. 主要路径

- 以"公共艺术＋视觉科技"激活古镇老街
- 以轻户外山地运动实现生态价值转换
- 以人才下乡、机构下乡和在地创业赋能龙怀新村

走出一条"农商文旅体艺融合"发展，实现在地城镇化的乡村振兴发展模式。

六、机制创新

运营管理三原则：维护村（社区）利益、创新机制、共建共治共享。

1. 确定三个主体

（1）协调小组

运营管理建议由三方组成，确定一名市级联系领导。

三方为：镇/村（社区）/第三方运营主体。

（2）投资主体

投资主体：建议为镇投公司。

（3）运营主体

即：保底方为成都今是乡村运营管理公司。

2. 运营管理模式

（1）示范、陪伴、孵化模式

海窝子古镇：设运营 CEO 一名、副总一名与助理一名。服务时间三年。

（2）"三带一承担"模式

龙怀村及新建运营性项目：投资方与村（社区）共享利益。民宿、餐饮及其他项目的分配比例经协商确定，由在地方管理资金。

（3）专业运营

科技文旅与户外运动：设一年专业过渡期，专业团队运营孵化，移交在地方。

3. 制定扶持政策

机构下乡与市民下乡：以奖代补，或者按投资额的一定百分比扶持，鼓励建设乡村文创工作室、乡村会客厅、联合乡居、户外运动等业态。

在地村民创业：以奖代补，或者通过补贴房屋设计费用，引导利用闲置房屋发展文创、农创、特色餐饮、民宿等业态。

重大项目，一事一议。

三、落地指导

1.

关于方案落地的指导性专题讲座《海窝子发展十问》

2024 年 7 月 19 日，针对海窝子方案落地过程中的机遇及挑战，通济镇邀请了乡村振兴指导员兼彭派主理人徐耘，结合海窝子镇村一体化工作，开展题为《海窝子发展十问》专题讲座。

《海窝子发展十问》专题讲座

（1）海窝子的镇村一体化是什么？

回答：

一张蓝图，一张梯次递进表。

①一张蓝图

农业产业园-家庭农场-庭院经济

＋

宜居宜业和美乡村

＋

机制创新（新机构/新政策）

＋

乡村金融（社区金融）

②一张梯次递进表

一镇一景一村

（镇村一体）

＋

一路一水一山一带

（向外拓展）

＋

一村一策/一村一品/美美与共/全域发展

（追求目标）

阐释：

以镇促景，以景带村，依山傍水，梯次推进，机制创新，全域发展的镇村一体化乡村振兴模式。

（2）海窝子的终极目标是什么？

回答：

生活型社区＋旅居型社区。

阐释：

前者追求的是家园，心灵的归属感；

后者追求的是梦想，他乡是故乡！

前者为当地人营造；

后者为城里人"筑巢"！

就乡村振兴而言，前者是生活，后者是产业。

（3）海窝子靠什么吸引人？

回答：

海窝子＝山窝子＋戏窝子＋水窝子，这也是海窝子的形象定位——"三窝子"。

阐释：

使用 ABC 判断法，A 是一个由头：人们为什么来海窝子？

因为"三窝子"一说，特别有场景感。

山窝子在说历史：古老、神秘而让人遐想。

但现在看得见吗？看不见，因此需要一个博物馆。

古蜀文化是一条线，山窝子还有另一条线——农林产业。

海窝子的农产品有水稻、玉米、薯类、蔬菜、大蒜、食用菌、牛、羊、猪、家禽……种类多，但缺少特色。因此，仍要到山上去，寻找海窝子的特色农产品！

戏窝子在说文化：有阳友鹤纪念馆，有彭州当地小学开设的川戏特色课。

海窝子古镇的川剧文化同样浓厚

但仅仅这些是不够的，需要平时的、活态的、表演的、扩展的戏剧和相近艺术。例如：曲艺、相声、小品、清音、二次元、时装秀等，让人去听去看去消费。

水窝子在说度假：山不在高，水不在深，有水则灵。

"瓦上听泉"和"海眼广场"两处水景观就能引来游客驻足，但还要继续找水、拓水、见水和玩水。

（4）海窝子需要什么新业态？

回答：

参与性、体验性、时尚性、长期性、年轻化和产业化的新业态。

即一句话："巢"与"潮"。

阐释：

海窝子是一条长长的街，有吃有住有东西卖，但都是传统的、别处可见的。

没有惊喜、没有时尚、没有爆品、没有留下人。

因此，海窝子需要纵深挖掘诸如小巷老宅；需要时尚，如咖啡酒吧；需要参与，如"盘龙溯溪步道"项目；需要文化，如

海窝子古镇"瓦上听泉"戏水项目

读书荟；需要交流，如乡创培训；需要产业，如乡居产业和伴手礼研发。

（5）海窝子为什么引进成都三加二乡创文化传播有限公司（以下简称"三加二"）专业团队？

回答：

团队做"系统"，做"逻辑"！即三加二的三大乡村实践：示范、陪伴、孵化！

阐释：

三加二读书荟做精神空间！即：乡村书馆＋乡村咖啡馆＋少儿空间＋乡创培训。

三加二创客服务站做在地服务！即：信息服务（免费）、游客咨询（免费）、乡创服务（会员制）、宜居宜业和美乡村建设三人指导小组顾问服务（年费）。

三加二乡村食堂做快慢餐体验！即：食客当炉（玩票）／人机出餐（科技）／厨娘上灶（乡味）／新村民食堂（便宜）。

三加二乡创无界非典型超市！即：以乡创为主线的超市，是非典型超市。意

义：畅通城乡要素，包含乡建人才、乡村好物和知识服务。价值：具有平台属性。城市和乡村的资源、商品、服务等可以在这里进行价格匹配和交易。

（6）海窝子的社区治理创新如何走在前面？

回答：

乡村振兴中有三个水平提升，即发展水平、建设水平和治理水平提升。

阐释：

海窝子的治理水平是有基础和有未来的。

海窝子社区级管理运转有效，镇级管理上，"管家制"和"报告制"的执行使得乡村振兴项目容易落地。

但海窝子尚需在系统构建上再创新。

（7）海窝子未来的支柱性项目有哪些？

回答：

有可能是"一馆三中心"。分别为海窝子博物馆、海窝子戏剧中心、海窝子户外运动中心、海窝子乡创培训中心。

阐释：

海窝子博物馆能承载海窝子的历史文化，海窝子戏剧中心能凸显海窝子的川剧特色，海窝子户外运动中心能转化海窝子的空间价值，海窝子乡创培训中心能培训海窝子当地的实用性人才。

（8）海窝子的乡村运营如何做？

回答：

"示范、陪伴、孵化"乡村运营模式＋"三带一承担"乡村运营模式。

阐释：

乡创三大实践：示范、陪伴、孵化！

两种乡村运营模式："示范、陪伴、孵化"乡村运营模式和"三带一承担"乡村运营模式。一个在海窝子，一个在龙怀乡。

（9）海窝子的社群建设如何做？

回答：

海窝子商会/海窝子餐饮协会/海窝子民宿协会/海窝子票友会。

阐释：

没有协会，就没有行业自律；没有社群，就没有群团活动；没有活动，就没有聚合的理由。

（10）海窝子要为彭派百里画廊做什么贡献？

回答：

系统意识/双轮驱动/乡村运营/机制创新。

阐释：

彭派百里画廊是线、是景、是产业、是融合、是城乡，海窝子是点、是站、是实践、是示范、是创新。

2.

村镇对于指导性专题讲座的积极回应

基于乡村振兴指导员兼彭派主理人徐耘的《海窝子发展十问》专题讲座，通济镇党委政府积极回应，认真研究并对照区域发展提出了《村（社区）发展十问》，推动研究问题，协心协力谋发展。

通济镇组织 12 个村（社区）在海窝子开展现场教学

（1）如何发挥好党组织引领作用？

回答：

聚焦担当作为，提升履职能力。

具体路径：

作为乡村发展和社会治理的坚强战斗堡垒，基层党组织的建设水平决定着资源整合、推动发展、服务群众、凝聚人心、促进和谐的能力。如何确保基层党组织科学掌舵、正确领航作用，以党组织书记为核心的两委班子应对标新时期高素质干部队伍建设要求，提高认知、打开格局、拓宽眼界，实现能力素质双提升，锤炼过硬本领。一是理论与实践相结合。深学细悟党的二十大、二十届三中全会以及四川省、成都市、彭州市全会精神，从党的决策部署找方向、找方法，提高适应新形势、新变化的政治觉悟和思想觉悟，让新发展理念作为精准谋划产业发展和基层治理的理论基础。二是走出去与引进来相结合。"他山之石，可以攻玉"，运用好社治资金，创造和利用好学习培训机会，借鉴外地先进经验和成功案例，邀请专家学者到本地开展现场教学，指导项目策划、设计、建设、运营创新实践，抢抓发展机遇，找准突围之策。三是主动作为与借智借力相结合。强化党员干部履职担当，事前谋划与事后总结并举，总结经验教训，温故而知新，树立敢为人先的胆识和魄力，打造一支热爱乡村事业的干部队伍。充分发挥在地和外来人力、智力、财力、科技等优势，弥补短板弱项，破解发展瓶颈，杜绝木桶效应。

（2）发展什么产业？

回答：

聚焦目标定位，找准发展路径。

具体路径：

村（社区）在确定发展目标和形象定位上应坚持因地制宜原则，并优先从以下三个方面进行考虑。一是立足资源禀赋优势。全面梳理历史文化、生态资源、产业结构、建筑风格、人口分布、交通网络、特色农产品、文创产品等资源实况，深入分析"传承什么、更新什么、淘汰什么、剔除什么"，以"传统＋时尚""保留＋开发""示范引领＋整体推动"多维度立体展现优势特征为着力点，寻找最优发展路径。二是立足市场需求和群众意愿。坚持问题导向和需求导向，通过坝坝会、入户走访、问卷调查等多种方式收集群众意见建议以及市场反馈真实数据，兼顾民生发展和群众利益，将资本逻辑和民生逻辑同步作为调整优化发展定位的有效方法。三是立足产业发展前景。网络调查显示，农村具有发展前景且排名前五的行业分别是农村快递物流、农村电商、规模化种养植、农村文旅产业、农村养老。选择哪种产业，要兼顾市场要素和发展前景，着力打造市场广阔的产业项目，在条件不足的情况下要创造条件保障优势产业发挥最大效益。

（3）产业如何发展？

回答：

聚焦跨界融合，树立系统观念。

具体路径：

树立全局思维和系统观念，推进经济、社会、生态各领域全面协调发展，是乡村可持续健康发展的内在要求，只有提高站位，从全村、全镇、百里画廊的角度推进一二三产业深度融合，高质量发展，才能催生新场景、新业态。一是坚持合理规划。产业振兴，规划先行。应依据乡村功能定位和本地主导产业发展实际，深入调查研究论证，科学系统地编制全域中长期乡村振兴空间发展规划，明晰乡村产业发展的基础条件、重点任务、阶段目标和行动方案，完善产业持续发展的体制机制。二是坚持五个融合。围绕"区域融合、产业融合、城乡融合、产城融合、数实融合"，创新工作思路，改进工作方法，打破地域不相连的阻碍，探索跨区域合作、跨领域合作，在产业发展、社区治理、民生服务、资源配置共享等方面寻求更为广阔的合作空间，以新产业、新业态为载体谋求和实现大发展大跨越。三是坚持产业聚合。探索乡村与文化、体育、旅游、康养等服务业深度融合，找准结合点、着力点和突破点，推动"乡村＋户外运动＋康养旅居＋文化研学＋生态产品"串珠成链，培育乡村产业发展新动能，推动乡村产业全链条升级，增强可持续发展能力和综合竞争力。

（4）特色产业怎么发展？

回答：

聚焦特色产业，培育市场主体。

具体路径：

特色产业是基于一方水土、开发乡土资源、突出地域特点、体现本地风情、特色鲜明的产业，这样的产业能从差异化中提升吸引力，拥有持续力，也可避免同质化带来的滞销风险，更好地满足市场多样化需求，从某种意义上说，特色产业是地区发展的核心竞争力。一是做好"土特产"文章。依托乡村特色资源，把乡村资源优势、生态优势、文化优势转化为产品优势、产业优势，做优做强"土特产"品牌，打造乡村展览馆、博物馆，承载起全方位、具象化展示乡村缩影的功能。二是推动非遗产业化。坚持以文塑旅、以旅彰文，着力打造非遗产业化项目，培育非遗传承人，积极探索"非遗＋旅游""非遗＋研学""非遗＋农业""非遗＋赛事"农文体旅融合发展之路，让非遗文化"活"起来。三是发展消费新业态。满足人民群众对美好生活的向往，以绿色、健康、信息、智能等为代表的新型消费已成为消费增长的重要引擎。借助新技术、新经济、新理念引领的现代生产方式和经营模式，匹配新型多元化新场景、新业态、新热点、新模式，是激发消费新动能，扩大产品和服务供给的迫切需求。比如海窝子古镇的乡创无界非典型超市、创客服务站新业态，瓦上听泉新场景，镇村一体化新模式，海窝子夜校新热点迅速掀起讨论热潮，成为带动消费的新爆点。四是为特色产业保驾护航。产业的兴旺发展离不开企业等市场主体，要进一步激发私营企业的积极性，支持农户个体以及相应的企业从事乡村特色产业经营，并在产业规划、信息供给、规模做大、市场做强等方面提供政策支持，发挥其带动乡村经济发展、吸纳农村劳动力就业的重要作用。

（5）如何激发乡村活力？

回答：

聚焦引人留人，重视人才培养。

具体路径：

创新之道，唯在得人。作为新质生产力的关键因素，人的素质和水平直接决定着生产力的能级。面临老龄化日趋严峻，年轻人大多外出务工的农村真实现状，留住年轻人、引进人才是激发乡村活力最直接的手段。一是建立人才培养机制。要按照发展新质生产力要求，畅通教育、科技、人才的良性循环，完善人才培养、引进、使用、合理流动的工作机制，不断促进人力资源提质，倾心引才、悉心育才、真心爱才，让创新人才的"关键变量"转化为新质生产力生成的"最大增量"。二是倾斜乡创补贴政策。利用政策杠杆，吸引青年人才返乡创业和外来人口自主创业，让过去行走在都市、校园的"乡创客"，用自己的方式把乡村变成希望的田野。三是完善配套服务。通过提升商业、文化、娱乐、交通、教育、医疗配套，让新居民享受优美田园自然风光的同时体验到城乡一体的基础设施和公共服务，并推动新居民和原居民享有同等的议事权利，实现新旧村民共谋发展、共同治理。

（6）如何发展集体经济？

回答：

聚焦联农带农，壮大集体经济。

具体路径：

发展乡村产业，壮大集体经济，说到底是为了拓宽农民增收致富渠道，通过不断完善利益连接机制，联农带农，才能确保产业发展的红利更好惠及广大农民群众。一是保障农民的合法权益。在发展集体经济中要始终坚持以人民为中心的发展思想，尊重农民的主体地位，完善强农惠农富农支持制度，不断创新机制、模式，适度覆盖公益举措，才能调动广大农民的积极性、主动性、创造性，参与乡村发展和基层治理。二是营造"新庭院"。党的二十届三中全会提出，允许农户将其合法拥有的住房通过出租、入股、合作等方式盘活利用。庭院经济小而全，形式灵活多样，适应性强，既可以是农户自行挖掘房前屋后闲置资源、盘活沉睡的资产，也可以村（社区）为单位，根据区位、资源等条件，进行整体规划，形成规模效益，设立特色定位，因地制宜选择生态、休闲、康养等多种类型，加强科学指导，降低农民的投资风险。三是拓展合作空间。党的二十届三中全会提出，有序推进农村集体经营性建设用地入市改革，健全土地增值收益分配机制。依托自然资源优势，充分利用农村集体经营性建设用地入市契机，创新探索"村集体＋社会资本""村集体＋国有平台""村集体入股保底分红"等合作模式，有效促进村集体和农户双增收。

（7）社区治理创新如何走在前列？

回答：

聚焦改善民生，创新社会治理。

具体路径：

彭州市委提出在百里画廊构建产业廊道、景观廊道、治理廊道、生态廊道和文化廊道五条廊道，而治理廊道是基础、是前提。如何在治理廊道走出特色、激发活力，应立足改善民生，探索社会治理新模式。一是把回应群众对美好生活的向往放在首位。社会治理需要聚焦民生领域的关键问题和突出短板，提高社区服务供给能力，建设富裕、美丽、文明、和谐、幸福的美好家园。让人民享有更好的教育、更稳定的工作、更满意的收入、更可靠的社会保障、更高水平的医疗卫生服务、更舒适的居住条件、更优美的环境是我们思考问题、制定举措的出发点。二是发动多元治理主体参与。创新多方参与机制，发挥多元社会主体积极性，更好地组织动员企业单位、社会组织、人民群众参与社会治理，推动形成政府治理和社会调节、居民自治良性互动局面，努力实现社会治理人人参与、人人尽力、人人共享。三是提高社会治理"四化"水平。提高社会治理社会化、法治化、智能化、专业化水平，既是新形势下提升社会治理现代化水平的客观要求，又是推动社会治理创新的基本途径。要善于运用先进的理念、专业的方法、精细的标准，坚持社会治理的社会化参与、法治化引领、智能化支撑和专业化发展，切实增强社会治理的整体性、协同性、预见性、精准性和高效性。

（8）如何争取项目支持？

回答：

聚焦政策支撑，抓好项目包装。

具体路径：

在争取项目政策支持、资金支持上要树立品牌观念，充分运用金融思维和治理思维思考问题。一是运用治理思维争取政策支持。强化向上对接，全力争取政策红利，系统分析社区治理、农业、民政、水务、文旅等各相关部门出台的扶持政策和示范项目，找准连接点和切入口，讲好治理故事。二是运用金融思维提高资源配置。主动研究掌握国家、地方政府金融政策，综合运用金融工具，解决产业发展资金短缺的问题，放大资本作用，优化资源配置，让产业项目更具活力和生命力。三是强化品牌建设。增强品牌意识，打造特色品牌，促进品牌赋能是产品包装、项目包装的最优途径，通过明确品牌定位和核心价值观、打造专业的品牌形象、提供优质的产品和服务三个核心要点，创建更多的产业品牌、治理品牌、生态品牌，有效提升产品和服务的附加值，扩大乡村品牌知名度，增加品牌影响力。

（9）如何提升产业显示度和影响力？

回答：

聚焦社会认同，扩面宣传营销。

具体路径：

在"互联网＋"的时代背景下，直播带货、短视频营销已是拓宽销售渠道、增加显示度的一个重要方式，而村集体、企业、个人的公众形象和社会认可度也是产业价值的重要组成部分，提升产业显示度和影响力不仅局限于产品或项目本身，还要做到企业、人才、公益与产业相统一。一是寻找乡村代言人。从综合能力强、社会认可度高的党员干部、返乡大学生、创业新村民中推选优秀的乡村代言人，开展"我为家乡代言"活动，通过讲故事、演讲、文艺表演、短视频制作等方式展示乡村文化、旅游、产品特色，营造人人都是代言人和宣传员的浓厚氛围。二是开展助农直播。通过"农村市集＋直播""生产场景＋直播"的形式，生动展示乡村烟火气，"线上＋线下"同步推广优质农产品和特色文创产品，形成"一村一好物、一村一直播"的实践成果，为乡村振兴注入时尚元素。三是挖掘背后的故事。与直接展示成品相比，背后的故事更深入人心，从民生、治理"小切口"展示"人无我优"的小场景、小情怀、慢生活，比如展示舞龙、高跷、大鼓等传统民俗表演者的日常，揭示竹编、蜀绣、制陶、非遗产品的创作过程，听耄耋老人说历史、讲传说，不常见的小分享更具有吸引力和传播力。

（10）如何浓厚投资氛围？

回答：

聚焦产业服务，优化营商环境。

具体路径：

牢固树立"抓发展必须提升环境"理念，创新机制、加强举措，不断完善基础配套，吸引外部投资，推动产业升级。一是强化服务保障。围绕乡村发展定位，与企业和农户深度对话，倾听了解需求，提供有针对性的政策支持，以更加贴心、细致的服务为企业营造高效、便捷的营商环境。二是推动产业升级。坚持"项目为王"的理念，积极引进外部投资，推动产业结构优化升级，提升产品附加值和市场竞争力，围绕现有产业基础，拓展上下游产业链，搭建企业互动合作平台，促进强强联合，形成产业集群效应，提高整体产业的抗风险能力和盈利能力。三是筑牢安全防线。对辖区内的生产经营主体开展常态化的安全生产宣讲及督导检查，发现安全问题及时提出整改意见并帮助其销号清零，营造良好的安全生产氛围。

说明：

从《海窝子发展十问》延伸出《村（社区）发展十问》，受知识和经验的限制，在问题的设计和答案的思考上还不够充分、严谨。但通过提问、回答的方式，可以让"做什么""如何做"思路更清晰。希望通过抛砖引玉的方式为通济镇产业发展和基层治理提供一种粗浅的思路，村（社区）可根据自身实际情况，结合丰富的实操经验，成为自己的出题人，写出更全面、更精准的答案，擘画出自己的发展蓝图，走出自己的创新治理道路，真正实现"一村一策""一村一品""一村一特色"，构建各美其美、美美与共的全域发展治理新格局。